U0042226

一行禪師
Thich Nhat Hanh

你可以不生氣
佛陀的最佳情緒處方

Anger：Wisdom for Cooling the Flames

游欣慈 譯

目錄 c o n t e n t s

〔推薦序〕

把憤怒當作自己的孩子

游祥洲

　　《你可以不生氣》這本書是一行禪師奉獻給二十一世紀人類的重要著作。「生氣」是人類感情世界中最具破壞力的元素，此書在美國出版時，正巧碰到二○○一年紐約發生九一一事件，也就是美國社會生氣到極點的時刻。

　　深入去看，九一一事件是阿拉伯世界極端份子「生氣」的果，然而它又種下了美國社會「生氣」的因。如果我們不能中止這因果循環，人類將永遠在憤怒的「加害者」與「受害者」兩種角色中不斷輪迴。《你可以不生氣》傳遞一個重要的訊息──我們不要做憤怒的奴隸，而應該學習做憤怒的母親。「放縱」憤怒固然不對，「譴責」憤怒也一樣無濟於事。當憤怒生起時，表示我們的感情已受到傷害。我們必須清楚的是，憤怒就是我們自己。一行禪師提醒我們，把憤怒當作自己的孩子，好好地擁抱他、照顧他，受傷的孩子只要得到好的照料，很快就可以復原了。阿拉伯世界與美國社會，乃至全人類都需要這樣的智慧。

　　一行禪師在歐美所發揮的影響力，正與日俱增。此書在美

國上市一週就已賣出十萬本。二〇〇二年，韓文版三個月內再版了十二次，成為韓國文化界的熱門話題。

　　就筆者有限的了解，一行禪師的禪法有幾個重要的切入點：

　　一、正念分明：二〇〇一年十二月十四日，美國哈佛大學醫學院身心研究所，特別將三十五年來第一個「身心靈研究貢獻獎」致贈給一行禪師，以表揚他提倡「正念修持」（Mindful Training）的卓越貢獻——經過許多科學家的研究，證明他所提倡的正念修持，對於轉化壓力及保持身心平衡有明顯的效果。這是佛教的正念修持，首次受到國際醫學界的肯定。

　　所謂「正念分明」即是專注於當下，在當下保持覺知。在八正道之中，「正念」是整體轉化的關鍵；在「七覺支」的禪修過程中，它更是動靜平衡的樞紐。在一行禪師的禪法中，「正念分明」可說是整個禪修過程的總樞紐。

　　「正念分明」的訓練，可從日常生活上兩方面下手：一是「觀呼吸」，一是「飲食禪」。

　　漢傳佛教在傳統上把「觀呼吸」譯為「安般守意」，即把意念放在呼吸上。有時譯為「數息」，這是把重點放在「數呼吸」上。事實上，「觀呼吸」（Anapana-sati）一詞中，Anapana的意思是呼吸，而最重要的則是字尾的sati，意思是「覺知」或「觀照」。人一生下來就在呼吸，所以在呼吸上保持覺知，就是把「正念分明」的功夫完全融入生活。

　　飲食也是訓練「正念分明」的契機。在本書中，一行禪師

一開始就指出飲食消費與憤怒之間的關係，他說：「你吃什麼，你就是什麼。」這真是發人深省。如果能夠在飲食中保持正念分明，事實上，吃一頓飯或喝一壺茶，其禪修的效果與在禪堂坐一支香，根本沒有兩樣。

從擁抱憤怒、認知憤怒到轉化憤怒，所依靠的就是這正念分明的功夫。

二、五戒：「五戒」是一行禪師發揮最多的教法之一，他一方面深化五戒的內涵，一方面將它定義為「正念分明」的基礎訓練。近幾年，他在西方世界傳授五戒時，已改用「正念五學處」來代替傳統「五戒」一詞。他並以正面列舉的方式，改變傳統名稱上負面的五戒──「不殺生戒」、「不偷盜戒」、「不邪淫戒」、「不妄語戒」與「不飲酒戒」，即：

正念第一學處：尊重生命；

正念第二學處：布施；

正念第三學處：性倫理；

正念第四學處：諦聽與愛語；

正念第五學處：正念分明的消費。

其中對「不飲酒戒」的詮釋特別精彩。傳統上此戒著重在單純的不飲酒而已，但他將之擴大為廣義的「消費倫理」──不進行任何可能有害「身」與「心」的消費或飲食行為。從有害身體的菸酒到毒品，從有害心靈的電視節目到不良書刊，都是此戒的涵蓋範疇。

一行禪師跳脫出一般人對戒律的刻板印象，以突顯正念在

五戒實踐上的主體性地位。如果將五戒看成宗教的約束，實行五戒就是變相的束縛；如果忽略正念的覺知，即使遵守五戒，也只是消極的不作為罷了。唯有把正念融入五戒，才能真正提昇生命的品質。

　　筆者以為，一行禪師對五戒的詮釋，有助於把五戒融入「全球倫理」（Global Ethic）的建構。因為佛教的五戒在本質上，已包含全球共生倫理、反剝削倫理、性倫理、對話倫理與消費倫理，而這五個倫理範疇，正是建構「全球倫理」所要面對的重大課題。

　　三、當下淨土：「淨土」是佛教的重要理念。一行禪師強調「當下淨土」，這並不是說他否定傳統的淨土觀，而是有意突顯淨土在「當下」實現的本質。他說：「淨土就在當下，否則永不實現！」這句話強調，淨土就在當下一念心的清淨與安住；如果當下這一念心不能安住，不管生在那裡，淨土與你完全無關。

　　要體會他的「當下淨土」法門，最好從「行禪」（Walking Meditation）切入。一樣是走路，只要加上「正念分明」，便是「行禪」。每一步念念分明、安詳自在，每一步便已到達淨土，這就是「當下淨土」。

　　四：迷悟一如：「迷悟一如」是大乘佛教非常核心的理念之一。一般人以為「迷」與「悟」猶如水與火，兩者不相容。事實上，「迷」只是未悟，「悟」只是不迷罷了。大乘佛教慣用「明、暗」來比喻「悟、迷」的關係。所謂「暗」，只是缺

少「明」的暫時狀態罷了，「暗」本身並非實體；「暗」如果是眞實的，那麼，秉燭入暗，「暗」就容不了蠟燭的光明，根本不可能轉「暗」爲「明」。明、暗如此，迷、悟亦然，《六祖壇經》所謂「一燈能破千年暗，一念覺能破萬年迷」，正是一語道破這個眞相。

　　一行禪師順著《六祖壇經》的理路，爲我們提供了一個很重要的切入點，那就是如何隨時隨地保持「一念覺」——「正念分明」。

　　一般人總以爲如果修練某種方法就可開悟，把「開悟」當成是某種可得到的東西，殊不知這想法本身就是開悟的障礙之一。開悟是放空身心，不是抓取什麼。一行禪師曾在揚州高旻寺禪七中開示：「悟無別道，悟即是道。」簡單地說，開悟的本質不在方法上，而在當下這一念心，自己清楚明白否？能作主否？只要當下這一念心清楚明白，這一念就是佛。

　　一行禪師常說，一般人是 Part time Buddha，而佛是 Full time Buddha。這是非常有趣的表達，兩者所差別的不是開悟的能力，而是正念現前與否。他從「正念」切入，找到開悟的本質，所謂「修行」，其實就是修持正念，等到功夫做成熟了，那就是修而無修、無修而修，正如呼吸一般自然，哪裡還要做出一個修行的樣子來。

　　　　　　　　　　　　序於台北，二〇〇三年一月三日
（本文作者爲世界佛教友誼會執行理事、喜馬拉雅山佛化教育基金會創辦人及國際諮詢委員會主席）

〔推薦序〕

用慈悲消解仇恨

陳琴富

　　二〇〇一年的九一一的確是讓人悲痛的一天，因為它是人類心中怒火爆發的顯現。面對有史以來最恐怖的攻擊行動，美國總統布希誓言要帶領全世界對抗恐怖主義，「打贏廿一世紀第一場戰爭」。遭到如此巨大的創傷，不論從民主主義的角度、從人道主義的立場，恐怖暴行都應該受到嚴厲譴責，發動暴行的兇手應該繩之以法，對於那些無辜犧牲生命的受害者，世人更是寄予無限的同情和哀痛。

　　然而在美國進兵阿富汗採取報復手段的同時，許多政治家、宗教家都不認為報復是一個好方法。雖然從有人類歷史以來，大家都在征戰不休的鬥爭中知道「冤冤相報何時了」的道理，但就是沒有辦法記取歷史的教訓，放下自己心中的怒火。

　　暫時撤開傷痛的情緒，試想：為什麼恐怖份子會採取如此激烈的行徑？美國的以阿政策是否對於阿拉伯世界不太公平？過去巴勒斯坦解放組織為了對抗以色列，也曾採取過激烈的恐怖暴行，但是經過多年來的協商化解，巴勒斯坦已經有生存的空間，也一改恐怖組織的形象。這裡說明了，仇恨不會是單方

面引發的，而且仇恨是可以化解的。

　　瞋恨心是阻礙人類文明的一大因素，也是埋藏在人類心中的根本三毒之一，恐怖主義的興起源於此，對恐怖主義採取報復的想法也是源於此，它是戰爭的禍首。許多人都知道要用慈悲心去消解傷痛，用大愛和寬容化解仇恨，但是做不到。

　　一九六六年，一行禪師在美國呼籲停止越戰，當他發言時有一名和平運動的青年對他喊道：「你最好是回到你的祖國去，並且去打敗外來的美國入侵者。你不應該在此，你在這兒一點用也沒有。」一行禪師回應他說：「先生，在我看來，很多戰爭的根源都來自於這個國家，那是我來這裡的原因。其中一個根源來自於你們看待世界的方式，認為武力可以解決問題。這是一個錯誤，武力會使得雙方都有很大的犧牲。我不要越南人死亡，我也不要美國大兵死亡。」

　　「諦聽」是一行禪師化解怒火的第一個法門，如果不能聆聽別人的心聲，怎麼可能了解別人心中的痛苦？又如何能化解他心中的仇恨？「深觀」是一行禪師化解怒火的第二個法門，如果不能深觀，如何能了知自己生氣的因，又如何能覺照到自己心中正在生起的那股無名火？「正念」是一行禪師熄滅怒火的第三個法門，念念分明地觀照呼吸，了知怒火對生理和心理產生的作用，念念分明地覺知它、與它合一，怒火便會很自然地熄滅。

　　通常我們處理負面的情緒都是採取抗拒或是逃避的方式，對於生氣、恐懼，乃至於失戀或是病痛，莫不是如此。但是抗

拒只會帶來更大的創傷和痛苦，而逃避也無法真正解決問題，終究還是必須面對。一行禪師採取的是一種「轉化」的藝術，把內心負面的能量轉化成正面的能量。然而「轉化」必須透過禪修的實證和體會，才有能力在面對境界時泰然處之。

　　一行禪師因為在越戰時倡議和平運動，戰爭結束後被放逐，無法回到越南祖國，他在法國建立了一個「梅村」道場，每周都會接到幾百封來自各國越南難民營的信，這些船上難民有一半死於海上，很多少女被海盜強暴，閱讀這些信件很痛苦。有一天，他接到一封信，敘述一名十二歲的少女在一艘小船上被泰國海盜強暴，羞憤莫名而跳海自盡。

　　一行禪師說，第一次聽到這類的事一定是對海盜的行為感到非常憤怒。站在少女這一邊很容易，拿把槍把海盜幹掉就是了，但是站在海盜這邊並不容易。經過深觀將會發覺，如果我們也是誕生在海盜的村莊，以同樣的方式被養大，我們是不是也會成為一個海盜？每天有成百的嬰兒誕生在暹羅灣岸邊，如果政治家、教育家都不做什麼，二十年後會有多少人變成海盜呢？因此對於強暴的事，每個人都有一點責任。人都是互相依存的，這也是一行禪師經常強調所謂「相即相依」的道理。

　　當他還是年輕的比丘時，看到自己的祖國被帶向戰爭、暴力、貧窮的境地，一行禪師發覺自己所學的禪和淨土並不能解決周遭人的痛苦，於是他致力於佛法基本教義的研究和實踐，特別是四聖諦和八正道，他在佛陀所教示的《大念處經》找到了現法樂住的教義。他說：「佛法的一個基本特質就是現證涅

槃，當下得解脫，不必等到死後或來生。」

　　一行禪師在一九九五年春天到台灣來，我得緣親炙他的法教，他以「觀呼吸」和「四念處」的法義，要我們在日常生活中運用，隨時注意自己的呼吸，讓身心一如，念念分明地做手中所有的事。用這個方法我才漸漸體會禪宗所謂的「吃飯時吃飯，睡覺時睡覺」的法味。

　　時下很多人學禪大多談神通感應，和自己的身心毫無瓜葛，就算能通天遁地，也無法滅除自己的煩惱，如此學法又有何益？《金剛經》說過：「若以色見我，以音聲求我，是人行邪道，不能見如來。」心外法都是外道，「觀呼吸」和「四念處」可以使學人見法，見法即見如來。

　　禪宗有一則公案。有位將軍向白隱禪師問道：「眞的有天堂和地獄嗎？」禪師反問：「你是做什麼的？」問者自得地說：「我是一個大將軍。」白隱禪師大喝一聲：「是誰有眼無珠請你當將軍？你看來倒像是個屠夫！」將軍聞言怒不可遏，拿起腰間的刀做勢要砍向禪師，禪師即說：「地獄之門由此開。」將軍驚覺自己失態，即時收起瞋怒心，向禪師作禮，禪師說：「天堂之門由此開。」

　　「一念瞋心起，火燒功德林。」修行人無時無刻不看緊內心的煩惱情緒。公案看似簡單，一般人要能像這位將軍在一時之間收起怒氣談何容易。所有情緒的轉化，還是要透過「觀呼吸」和「四念處」的操作才能收效。

　　一行禪師在這本書中教導我們如何熄滅怒火，他以許多實

際的例子，告訴我們如何學習諦聽、深觀，並透過正念轉化我們的習氣，當怒火熄滅，煩惱就息止。其中他舉法國政府致力於照顧有暴力傾向的年輕人為例，深刻談到政府官員應深觀內在情緒的根源，非常值得當前台灣社會的政治人物自省。政治人物經常執著於意識型態的堅持，為人民帶來無限的痛苦，甚至帶來戰爭，這是最沒有智慧也沒有意義的。如果想要減輕人民的痛苦，進而為國家社會帶來福祉，政治人物要學會諦聽人民的心聲，深觀自己內心的執著，看穿貪心和瞋心的本質，才有可能回應民眾的要求。

　　一般人也是一樣，如果能在日常生活中練習念念分明，讓覺性常照，自然能照見生命的本質，了解五蘊皆空、諸法無我的道理；也能照見宇宙的原理，了悟諸法無常、緣起緣滅的法則。願與此書有緣者，能早日熄滅心中的瞋念，轉煩惱為菩提。

（本文作者為旺報副總主筆、水月蘭若主持人）

〔推薦序〕

烽火傷痛中走出一段傳奇

奚淞

　　與友人赴越南旅遊了一趟，覺得對一行禪師的理解彷彿又多了些。記得是在順化參觀古蹟天姥寺，當我們走過寺院課堂，發現寺中沙彌正在上佛法課，而課堂黑板上明顯的白粉筆字跡竟是以工整中文寫就的。偈句如下：

莫道西方遠
西方在眼前
水流歸大海
月落不離天

　　剎時，我幾乎忘了身在越南，心中油然生起莫名的親切和感動。「不遠、眼前、歸屬、不離……」大乘佛法容攝一切的慈悲和美麗，在淺明的字句裡表達無遺。

　　是啊！越南千年與中國歷史文化牽連，就連佛教也與泰國、緬甸、寮國等鄰近國家的南傳佛教系統不同，所傳承的是使用漢文經典的漢傳佛教。禪宗與淨土在越南始終盛行，一行

禪師值十多歲少年時，便拜入臨濟宗禪師門下。而後，他傳法流露出的圓融和慈悲，也與中國人理想中的大乘菩薩風範相當。

以前讀一行禪師的書，從文字表現出簡明而具詩質的愛與美，令人難以想像他來自近代史上烽火連天的越南。當我旅行至天姥寺，翻讀旅遊資料，才知道上世紀六○年代在西貢市引火自焚以抗議宗教壓迫的好和尚廣德法師，正是天姥寺的長駐僧人。彼時，火中跏趺的自焚姿影，立即隨記者記錄報導的新聞照傳遍了世界。越南和尚自焚的照片如此著名，幾乎成了越南戰禍苦難的象徵，喚起無數人對越南時局的關切。

六○年代的一行禪師，還是年輕的禪宗和尚，卻已在時局考驗下，必須在「清修／走入社會」中做抉擇。無論如何，一行禪師「入世佛教」的歷程是鮮明如畫的。他奔走進行諸多護法、護生的活動中，包括組織上萬名出家人及在家人，成立草根性質的「青年服務隊」，盡力協助被轟炸的村落、建立學校和醫護中心、安置無家可歸的家庭和組織農耕隊⋯⋯

是何等心腸，才能容納如許傷痛和戰火離亂，而不生瞋恨？一行禪師竟在命若懸餘的災厄處境中，鍥而不捨地倡導不抵抗主義與和平共存。他的身姿便也如同廣德老和尚一般捲入火中，成就了當代傳奇。

越戰過後，一行禪師棲身法國「梅村」，在教授禪修之餘，創作了大量包括詩、散文、戲劇在內的文字，這些以契入佛法領悟為主旨的文字，成為暢銷書，流行於西方世界。

　　一行禪師的文字明朗輕妙，彷彿晴空白雲。佛法至此，並無難事。他教導的禪修，往往反覆在「呼吸、散步、微笑」間，善自照顧自己的心，並以柔軟心善待他人。這樣的簡易明白，卻也足以使人相信：個人的心靈能透過禪修轉化，而這正是轉化人類世界處境的關鍵。

　　探尋一行禪師教法淵源，除了承傳大乘「菩薩行」，也可以看到南傳佛教禪修方法的影響。南傳佛法承接原始佛教，理性清晰，修行著重於「正念──四念處」，這應是一行禪師教授人們藉「呼吸、散步、微笑」匯集正念能量，自護、護他的基礎。

　　原始佛法本來純樸。一行禪師在說法時，為闡明生命與世界「互即互入」圓融無間的關係，經常引用原始佛教的動人小故事。在這裡，也讓我們列舉一則典出於《雜阿含經》中的「賣藝人師徒」寓言，相信這故事對一行禪師所說的「互即互入、共同圓成」有很好的啟發。

　　現將《雜阿含經》卷第二十四、六一九全節經文，以白話淺譯如下：

　　這是我所聽到的──

　　當時，佛陀遊行至拘薩羅國，在私迦陀村北的樹林中，向聚集的比丘說了一則故事：

　　「從前，有一對靠耍特技表演維生的師徒。他們表演的方式是：師父肩上豎立很高的木桿，讓徒弟搭肩爬上高桿，並在上面翻滾，做種種危險的表演動作，以取悅觀眾。

那一天，在表演前，師父對徒弟說：『要注意啊！等一下，你在桿上要好好注意並保護下方的我。而我，也會好好留心並保護你。這樣，我們的表演便不至發生意外，安安穩穩地賺到看倌賞賜的錢。』

『師父，你說錯了！』小徒弟反駁道：『我看，最要緊的是：等會兒表演時，我要在上面顧好我自己，你也要在下面照顧好你自己。這樣，我們各自愛護，才能合作無間，平安演出，賺許多錢。』

師父聞言笑了：『你說得對，我們應當各自愛護。但是，這也不代表我剛才說錯了。你看，一個人在保護自己的同時，不也正是保護了他人嗎？他人保護自身，實際也就是保護了我啊！建立這樣的了解和合作的默契，經過反覆的操作，便能證明自護護他是顛撲不破的真理。所謂的自護護他，不外是對自己慈悲者，對他人亦善加慈悲罷了！』」

佛陀對眾比丘說完了這則「賣藝人師徒」小故事之後，又增添了幾句提醒修行的話語：

「比丘！這就是修行之道。如何修習『自護』？修習『四念處』就是『自護』。又如何能修習『護他』呢？還是同樣地要不斷修習『四念處』啊！」

聽完佛陀這番教誨，眾比丘歡喜奉行。

〔譯者序〕

了解自己為什麼生氣

　　和這本書結下的因緣，是從去年的冬天開始的。那時在美國任教的我，突然接到一通父親打來的電話，他問我願不願意翻譯一行禪師《你可以不生氣》這本書。父親說，這本書在九一一事件之後，得到了很大的迴響。那時的美國，正瀰漫著一股對中東國家的敵意，電視新聞不時報導著布希總統向恐怖主義宣戰的口號，這些充滿仇恨的情緒，讓整個美國社會充滿了不安。那時聽到父親說有這麼一本關於化解憤怒的書，心裡非常地欣喜。當天晚上我就開車到書店把這本書買了回來。

　　原本以為這是一本寫給佛教徒看的書，沒想到書中的文字都是那麼地淺顯，例子也都很貼近我們的生活。的確，學習如何化解憤怒，應該是無關宗教的。雖然每個人都知道生氣很難受，但我們總是忍不住會生氣，會責怪別人，久而久之，我們生氣的習氣就養成了。一行禪師在這本書中，讓我們了解到自己為什麼生氣，別人為什麼生氣。更重要的，當憤怒生起時，我們如何不去壓抑它，反而能面對它，認識它，然後轉化它。其實，我們之所以生氣，常常是因為我們在乎。因為我們很在乎我們生氣的那個人、那件事，我們很自然地會把自己的價值

判斷放到這些人、事、物上。結果事情一不順心，我們就生氣了。此時，我們的在乎反而變成另外一個人的負擔，變成完成一件事情的阻力。因此，這本書要教導我們如何將生氣的怒火轉化成慈悲的甘泉，如何以更有智慧的方式來對待別人，來面對人生的挫折與痛苦。

　　當我開始著手翻譯這本書之後，因為深怕自己的悟性不夠，翻譯的文字無法表達出原書的精髓，曾經幾度停擺。幸虧有好友詩庭一字一句地為我校對，提供我她學佛的心得，這本書才能順利地完成。此外，我還要感謝家人在我離鄉時給我的愛與支持。因為他們，我才能如此無憂地完成這本書，他們一直是我最大的精神支柱。最後這本書能如期付梓，還要感謝橡樹林出版社的支持，香光寺師父們的校對，沒有這些因緣聚合，一切都還只是虛空。謝謝你們！

游欣慈

二〇〇二年冬・台北

引　言
快樂的修煉

快樂，就是減少痛苦

對我而言，「快樂」就是減少痛苦。如果我們無法轉化內在的痛苦，就不可能獲得快樂。

很多人向外尋求快樂，但真正的快樂一定是來自內心。我們的文化總是教導快樂來自擁有許多金錢、權勢或社會地位，但是如果仔細觀察，就會發現那些有錢有勢的人並不快樂，有許多人甚至走上自殺一途。

反觀佛陀與弟子們，除了三衣一缽，別無所有，但是都很快樂，因為他們擁有最珍貴的東西——自由。

佛陀教導我們，快樂最基本的條件是「自由」——並非政治上的自由，而是一種避免內心負面心行（mental formation）的自由。這些負面心行包括憤怒、絕望、嫉妒與妄想，佛陀稱之為「毒」，只要這些「毒」還存在心中，我們想要追求快樂，便猶如緣木求魚。

無論基督徒、回教徒、佛教徒、印度教徒或猶太教徒，都需要學習如何避免憤怒所帶來的痛苦。我們無法請求佛陀、基督、上帝或穆罕默德來替自己消除憤怒。但有些具體方法，可以幫助轉化內心的貪、瞋、癡。如果我們按照這些方法好好地照顧痛苦，就能幫助身邊其他的人。

佛陀教導我們，快樂最基本的條件是「自由」——一種避免內心負面心行的自由。

為了更好，改變吧！

例如有對父子彼此不滿對方，因完全無法溝通而深受其苦。他們都不想困在憤怒的情緒裡，卻不知該如何化解。

好的教導能讓我們實際應用於生活中，轉化內心的痛苦。當生氣時，所受的痛苦就如同被地獄之火焚燒；當絕望或嫉妒時，便如同身陷地獄之中。這時，就必須請教修行的朋友，要如何修行才能轉化憤怒與絕望。

慈悲地傾聽，能化解別人的痛苦

當他人的語氣總是充滿憤怒，那是因為他（她）的內心正滿懷憤恨而飽受痛苦，所以老想把自己的問題怪罪他人。因此，我們難免會覺得聽他說話是件很不愉快的事，而想逃避他。

要真正了解與轉化憤怒，我們必須學習慈悲地傾聽與愛語。有位菩薩是個偉大的人、覺悟者，她能以慈悲心深深地傾聽眾生的痛苦，人們稱她為「觀音」或「阿縛盧枳低濕伐羅」（Avalokiteshvara）──大慈大悲的菩薩。我們應該學習觀音菩薩般諦聽，才能給予想重建溝

我們無法請求佛陀、基督、上帝或穆罕默德來替自己消除憤怒。

通之道的人們一些切實的指導。

　　雖然慈悲地傾聽可以幫助他人減輕痛苦，但除非你先以諦聽的藝術自我訓練，否則即使滿懷善意，依舊難以達成。如果你可以靜靜地坐下來，以慈悲心傾聽，只要一小時，就能幫助對方減輕許多痛苦。傾聽唯一的目的，就是讓對方盡情地抒發內心的痛苦，且要以慈悲心傾聽。

　　當你傾聽時，必須非常專注，全心全意地傾聽，把整個自己──眼睛、耳朵、身體與心完全投入。如果你只是假裝在聽，或未以百分之百的心傾聽，對方一定會有所感覺，而無法釋放痛苦。如果你知道保持念念分明地呼吸，並能持續地將念頭專注在想幫助對方解除痛苦上，傾聽時自然就能保持慈悲心。

　　慈悲地傾聽是非常深妙的修行，傾聽時沒有評價與責怪，你只是為了讓對方減輕痛苦。對方可能是我們的父親、兒女或伴侶。學習傾聽，確實可以幫助他人轉化憤怒與痛苦。

即將引爆的炸彈

要真正了解與轉化憤怒，我們必須學習慈悲地傾聽與愛語。

　　我認識一位住在北美洲的天主教女士，她因與先生

關係惡劣而痛苦不堪。這是個高學歷的家庭，夫妻雙方都擁有博士學位，但先生一樣痛苦萬分。長久以來，他與妻子、兒女都處在冷戰當中，完全無法與家人溝通，全家人都在逃避他，因為他就像是顆隨時可能引爆的炸彈。他是如此憤怒，以致無人想靠近，但他卻認為家人都鄙視他。事實上，他們並未輕視他，只是非常恐懼而已。因為他暴躁、易怒，接近他變成是件很危險的事。

有天，這位妻子受不了了，覺得自己再也無法如此生活下去，而想自殺。但在自殺前，她打電話給一位學佛的朋友，告訴她正準備自殺。這位朋友曾多次邀她一起禪修以減輕痛苦，但是她都以身為天主教徒，不該修行佛法為由而拒絕。

那天下午，當這位佛教徒朋友知道她正準備自殺，就在電話那端對她說：「你口口聲聲說是我的朋友，可是現在你就要去死了，我唯一的請求也不過是請你聽聽我師父的開示，你卻拒絕我。如果你真是我的朋友，請你現在就搭計程車來聽錄音帶，然後你就可以死了。」

這位天主教女士到達後，朋友讓她獨自在客廳，聽一段有關如何「重開溝通之門」的開示。在那一小時或一個半小時裡，她內心經歷了一番深層的轉化，看清了許多事，了解其實必須為自己的痛苦負起一部分責任，

慈悲地傾聽是非常深妙的修行，傾聽時沒有評價與責怪，你只是為了讓對方減輕痛苦。

而且丈夫也因她受了許多苦，她發現自己完全無法幫助他，事實上，她對丈夫的逃避，反而一天天地加深了他的痛苦。她從錄音帶的開示中領悟到，如果要幫助他人，就必須慈悲地傾聽對方，而這正是過去五年來，她一直無法做到的。

拆除炸彈

聽完開示之後，她有了很深的感悟，決定立刻回家練習諦聽以幫助丈夫。但是那位學佛的朋友卻告訴她：「不行！我的朋友，你不應該今天就去做這件事。慈悲地傾聽是個非常深奧的教法，為了能像菩薩一樣地傾聽，你至少應該先花一、兩個星期來練習。」朋友便邀她參加禪修，以學習更多諦聽的智慧。

那次禪修營為期六天，大約有四百五十人參加，大家一起吃飯、睡覺與修習。在那段時間裡，我們練習念念分明地呼吸——覺知吸氣、吐氣，以達身心一如的境界；我們也練習念念分明地走路，將自己百分之百地投入每個步伐當中。練習念念分明地呼吸、走路與坐下，以觀照與擁抱內心的痛苦。

參加禪修營的人不僅要聆聽開示，還要學習傾聽的

痛苦不是全部，我們還必須去認識和體驗生命中的奇蹟，它們就在我們心中、我們周圍每個角落、每一分鐘。

藝術與使用「愛語」。每個人都試著學習諦聽，以了解別人的痛苦。這位天主教女士學得非常起勁與用心，對她而言，這關係到她的生死大事。

禪修營結束後回家，她內心非常平靜且充滿慈悲，真的很想幫助丈夫移除內心的炸彈。配合呼吸的節奏，她步履從容、心情平靜，並滋養著慈悲心，她走路時保持正念，連丈夫都注意到她的改變。最後，她走近丈夫，安靜地坐在他身旁，這是她五年來從未做過的事。

她沈默許久，大概有十分鐘吧！然後把手輕輕地放在他手上說：「親愛的！我知道這五年來，你的內心飽受折磨，我很抱歉！我知道，對你的痛苦我必須負很大的責任，因為我不但未幫助你減輕痛苦，反而把情況弄得更糟。我犯了很多錯誤，使你更加痛苦，我真的很抱歉！希望你給我機會重新開始，我一直很想讓你快樂，但不知如何做，所以才會使我們的日子一天比一天難過，我不想再這樣下去了！所以，親愛的！為了更了解你、更加愛你，請幫助我。請告訴我，你心裡在想什麼？我知道你很痛苦，我必須了解你的痛苦，才不會一錯再錯。沒有你，我無法做到，我需要你的幫助，才不會繼續傷害你。我只想好好地愛你！」當她如此說時，他像小男孩般地哭了。

理解是愛的根源，
理解就是愛本身。
理解是愛的別名，
愛是理解的別名。

　　過去曾有段時間，他的妻子脾氣非常暴躁，經常對人大呼小叫，言詞充滿憤怒、諷刺、責備與批評，因此，彼此只有不斷地爭吵。她已經多年未用如此深情與溫柔的方式對他說話了，當看到他流淚，她知道機會來了，多年以來，他一直深鎖的心門，此時再度開啟。她知道自己必須非常小心，所以持續念念分明地呼吸，「親愛的！請告訴我，你心裡在想什麼，我很想學習怎樣做得更好，這樣我就不會再犯同樣的錯誤了。」

　　這位女士與丈夫同樣是知識份子，也擁有博士學位，但他們都因不知如何慈悲地傾聽對方而受苦。但是那一夜她真了不起！成功地做到慈悲地傾聽，前後不過幾小時，兩人就和好如初了，那一夜是他們心靈的療癒之夜。

正確的教法，正確的修行

　　如果你的修行是正確的、良好的，無須花五到十年，只要幾小時，就足以轉化與療癒內心。這位天主教女士那夜做得非常成功，她讓丈夫報名了第二梯次的禪修營。

　　第二次禪修營為期六天，在結束前，她丈夫也有很

我們可以通過充滿慈悲心的談話，幫助別人放棄盲從和狹隘。

大的**轉變**。在茶禪的活動中，他將她介紹給其他學員：
「各位親愛的同修、朋友們！我要向你們介紹一位菩薩，
一個偉大的人——我的太太。過去五年中，我十分愚蠢
而讓她吃盡苦頭。但她的修行改變了一切，拯救了我的
生命。」接著，夫妻倆說出他們的故事、參加禪修的原
因，以及如何在更深的層次上重燃舊愛。

當農人使用的肥料不再起任何作用時，就必須換另
一種肥料。同樣地，經過幾個月的修行後，還未帶來任
何的轉化或心理的安慰，就必須重新檢視自己的情況。
為了轉化自己與所愛的人的生活，我們必須改變修行的
方法，做更多的學習，以找出正確的修行法門。

只要接受、學習正確的教法與修行，每個人都可以
轉化自己的生活。如果你很認真地修行，像那位天主教
女士一樣把修行當作生死大事，那麼，就沒有任何事是
你無法改變的。

快樂是可能的

現在的時代充滿各種複雜的溝通工具，資訊可以非
常迅速地傳遞到地球的另一端；但也是這樣的時代，人
與人之間，父子、夫妻、母女之間的溝通，變得困難重

為了轉化自己與所
愛的人的生活，我
們必須改變修行的
方法，做更多的學
習，以找出正確的
修行法門。

重。如果我們無法重建溝通管道，快樂將遙不可及。

在佛陀的教導中，清楚地說明如何修行慈悲地傾聽、說愛語與照顧憤怒。我們必須實踐這教導，專注地諦聽，口出愛語，才能重新溝通，將快樂帶入家庭、學校與社區。於是，我們就能幫助世上其他的人。

第一章
我們正在「吃進」憤怒

每個人都需要了解如何處理並照顧自己的憤怒，要做到這點，就必須先審視怒氣產生的生化層面，因為憤怒根植於我們的身心。當分析憤怒時，可以先看看組成它的生理成分，必須仔細地觀察在日常生活中我們如何吃、喝、消化，以及如何對待自己的身體。

憤怒不只是心理現象

在佛陀的教導中，我們了解身心是無法分割的。身即是心，心即是身，身心相互連結，兩者無法分開，因此，憤怒不僅僅只是心理現象。佛教將身與心的結合稱為「名色」（nāma-rūpa）[1]，「名色」就是「身心一如」（psychesoma），代表身心是一體的。實相有時以心呈現，有時則以身呈現。

當科學家深入探討基本粒子的本質時，發現它們有時以波（wave）的形式呈現，有時則是以粒子（particle）的方式呈現。波與粒子不同，波只是波，無法成為粒子；粒子也只是粒子，不能成為波。但是事實上，粒子與波是同個東西，科學家們索性將「波」與「粒子」結合成一個字，稱為「wavicle」[2]。

身與心也是如此。二元論的看法告訴我們心不是

如果我們對自己的生活風格、消費方式、看問題的方法保持覺照，那麼我們將會懂得如何在活著的當下去創造和平。

身，身也不是心，但當我們更深入地觀察時可以發現，
其實身就是心，心就是身。如果能破除這種身心截然分
離的二元論，我們就非常接近真理了。

很多人漸漸地了解到，會影響生理的事物也會影響
心理，反之亦然。現代醫學也意識到，身體的疾病可能
肇因於心理疾病，而心理疾病也可能與生理疾病息息相
關。身心並非兩個截然不同的實體，而是一體的，如果
我們要駕馭憤怒，就必須先好好地照顧身體，我們飲食
與消費的方式都很重要。

所吃的食物是什麼，我們就是什麼

憤怒、挫折與絕望的情緒與我們的身體、食物息息
相關，我們一定要想出新的飲食與消費方式，幫助自己
免於憤怒與暴力的傷害。「吃」是文明發展的一部分，
我們種菜的方式、飲食的內容與方式，都與社會未來的
發展密不可分。因為我們所做的選擇，將能為眾生帶來
和平並減輕痛苦。

食物在我們的憤怒中扮演關鍵性的角色，它們可能
就蘊藏著憤怒，當吃了罹患狂牛症的動物，憤怒就蘊藏
在肉裡。我們還必須檢視其他食物，當吃了一顆蛋或一

如果能破除這種身
心截然分離的二元
論，我們就非常接
近真理了。

隻雞，知道在蛋或雞肉裡可能也蘊藏許多憤怒。我們把這些憤怒吃進肚子裡，很自然地也會把它表現出來。

我們現在所吃的雞大都飼養在大型養雞場中，牠們完全無法走動、奔跑或在地上覓食，所有的雞都由人類餵食，且被關在小小的籠子中無法動彈，日夜都必須站著。試著想像自己沒有任何行走或奔跑的自由，還必須日夜站在同一個地方，你一定會瘋掉。同樣地，這些雞也會瘋掉。

為了讓雞生下更多的蛋，雞農便以人工的方式控制日夜的循環。他們以室內光源縮短日夜循環的時間，讓雞誤以為二十四小時已經過去，因而產下更多的蛋。這些雞的內心充滿憤怒、挫折與痛苦，只好以攻擊身邊的雞做為發洩，牠們用嘴相互啄食、攻擊，導致彼此流血、飽受折磨，甚至死亡。於是現在雞農都將雞嘴切除，以避免牠們因內心的挫折而相互攻擊。

因此，當吃了這樣的雞或牠所生的蛋，你就吃下憤怒與挫折。所以要覺察，小心自己吃了什麼。如果你吃進絕望，就會表現絕望；如果吃進挫折，就會表現挫折。

倘若佛教與我們的日常生活毫無關係，那麼禪修又有什麼用呢？

我們必須吃快樂的雞所生的蛋，不要喝生氣的牛生產的牛奶，應該喝有機牛奶，因為它們來自以自然方式

飼養的牛。我們應該用些心力支持農民以人道的方式飼養動物，並購買有機蔬菜，雖然它們通常比一般蔬菜昂貴，但可以少吃一點，我們都應該學習少吃一點。

以其他的感官「吃進」憤怒

我們不僅以食物滋養憤怒，也透過眼睛、耳朵與意識所接受的資訊滋養它，文化產品的消費也與憤怒息息相關。因此，發展一個好的消費策略是很重要的。

我們在媒體上所接收的資訊也可能有毒，它們可能都包含憤怒與挫折。一部電影就如同一塊牛排，可能含藏某種憤怒，如果你接收它，就吃下憤怒與挫折。報紙的文章，甚至人與人之間的對話，也都可能蘊藏憤怒。

有時你可能會感到寂寞，想找個人說話，如果你找朋友聊了一小時，對方所說的話就可能帶來很多毒素，你因此而接收許多憤怒，之後就會把它表現出來，所以正念地消費非常重要。想想看，當你聽到一則新聞、讀了一篇報導，或與某人討論某件事，你是否就像糊里糊塗地亂吃東西一樣，吃進了許多毒素呢？

有時候我們不需要消費得那麼多。因為我們感到很孤獨，所以消費本身會成為一種嗜好。

吃得好，吃得少

　　有些人會藉吃東西來忘記悲傷與憂鬱，過量的飲食會引起消化系統的負擔，進而產生憤怒。如果你不知如何處理這種負面的能量，它就會轉化成憤怒、性與暴力的能量。

　　當食物「品質很好」時，就可以少吃一點，身體其實只需要平時所吃的一半份量。為了提高吃的品質，吞進食物之前，應該在嘴中咀嚼五十次。當我們慢慢地吃，將口中的食物變成液態時，就可以使腸道吸收更多養分。所以，如果我們好好地吃、細細地咀嚼，就可以比暴飲暴食又未好好消化時，吸收到更多養分。

　　「吃」是種很深奧的修行。當進食時，細細地品嚐每口食物，充分地覺察它，覺察自己正在吃東西。我們可以練習念念分明地進食，清楚地覺知自己正在咀嚼，小心地、慢慢地咀嚼，內心充滿喜悅。有時可以停止咀嚼，而與身邊的朋友、家人、僧團——所有的同修接觸，感謝我們能坐在這裡慢慢地咀嚼食物，什麼都不必擔心，這是多麼美好的一件事！當我們如此念念分明地進食，便不會把憤怒、焦慮或未來的計畫吃進去，相反地，品嚐的是別人精心準備的食物，是多麼令人愉悅

我們應當盡自己最大的努力來避免充斥於現代生活中的種種壓力和焦慮，唯一的出路是少消費。一旦我們能夠簡單快樂地生活，就更能好好地幫助別人。

啊！

當嘴中的食物咀嚼到幾乎成為液體時，你會更清楚地感受到味道，它也變得非常可口。今天你就可以試試看如此慢慢地咀嚼食物，當開始練習時，要清楚覺察嘴巴的每個動作。你會發現今天的食物變得非常美味，即使它可能只是片完全未塗奶油或果醬的麵包，但它真的很好吃！接下來，你可能會喝一些牛奶，我從來不喝牛奶，而將它倒入嘴中咀嚼，持續念念分明地咀嚼，你可能不知道光咀嚼牛奶與麵包就非常可口。

當嘴中的食物成為液體時，會與唾液混合，這表示它已經被消化一半了。等它到了腸胃，就變得非常容易消化，牛奶與麵包中大部分的養分就可被身體吸收，你會在咀嚼的過程中獲得許多快樂與自由。當你開始如此進食時，很自然地就會吃少一點。

當做飯時，小心你的眼睛，不要相信它們，因為它們會讓你吃太多，其實你無須吃那麼多，如果你知道如何念念分明並充滿喜樂地吃，就會發現只需要吃眼睛告訴你的一半份量。試試看，吃些非常簡單的食物，如小胡瓜、紅蘿蔔、麵包與牛奶等，這可能成為你這輩子最好吃的一餐，這真的是很棒的體驗！

我們在法國的禪修中心梅村（Plum Village），已經

一旦我們學會品味寧靜，我們的生命就將得到治療和改造。這不是一個信仰的問題，而是一個實踐的問題。

試過以這種念念分明、細嚼慢嚥的方式來進食。請試試看，它能讓你的身體、心靈與意識都感到比以前好多了。

我們眼睛的胃口總是比胃還大，所以必須以正念的能量訓練它們，才能知道身體真正需要的食量。在中文裡，出家眾的「缽」意指「用來適度秤量的工具」，它幫助我們不被眼睛欺騙，當缽盛滿食物時，就知道已經足夠，只要吃這麼多。如果你能這樣吃東西，就可以少買一點，也就能負擔得起有機食品。我們可以從自身做起，或與家人一起做，它也能提供想要種植有機食品的農夫們很多幫助，這豈不是一舉數得。

正念第五學處

每個人都需要一種以愛與奉獻為基礎的、有智慧的飲食方式，正念五學處就是幫助世界與每個人脫離苦痛的方法（全文請見附錄二）。正念第五學處，就是要深入地觀照我們消費的方式。

修持正念主要在練習如何念念分明地消費與飲食，讓個人與社會重獲內心的自由。我們已經了解由不正確的消費方式所帶來的痛苦，而決定如此發願：

修持正念主要在練習如何念念分明地消費與飲食，讓個人與社會重獲內心的自由。

「……為了念念分明地飲食與消費，讓我、家人與大眾的身心獲得健康，我在此發願，只吃那些能讓我的身體、意識與家人、大眾的身心，保有祥和、善意與快樂的食物。我絕不消費任何酒類或有毒的物質，也不碰觸藏有毒素的食物與資訊，例如電視節目、雜誌、書籍、電影與談話等。……」

如果你想好好地照顧憤怒、挫折與絕望，就要考慮依循正念來生活。如果念念分明地喝酒，就能發現它會製造痛苦，攝取酒精不但會帶來身心的疾病，且會將你帶向死亡。酒的製造過程也為世界帶來許多痛苦，因為穀類的使用與世界的糧食不足息息相關。保持正念的飲食，很自然地能帶給我們自由開放的洞察力。

現在就與你所愛的人、家人討論如何進行念念分明地消費吧！即使他們還那麼年輕。孩子們也能了解這樣的想法，你應該讓他們加入大人的討論，可以一起決定要吃何種食物，觀看何種電視節目，閱讀何種書籍，以及交談的內容，這些策略都是為了讓你們能保護自己。

如果我們不在乎所消費的事物，就無法討論憤怒與處理憤怒的方法，因為憤怒與消費的事物是完全分不開的。試著與你的朋友討論正念消費的行動計畫。在梅村，我們為了保護自己，絕不消費會滋養憤怒、挫折與

如果你想好好地照顧憤怒、挫折與絕望，就要考慮依循正念來生活。

恐懼的事物。要真正念念分明地消費，我們就必須定期
討論要吃什麼、如何吃、如何少買一點，還有如何吃高
品質的食物，包括真正的食物與其他感官所「吃進」的
其他事物。

注釋：
①名色（nāma-rūpa）即身心——五蘊的同義詞。「色」為色蘊，「名」為受、想、
　行、識四蘊。
②電子於1897年第一次被發現，科學家發現，電子具有「波粒二重性」（wave-particle
　duality）。在過去的物理特性中，波和粒子，是兩種完全不同的東西，具有完全不
　同的屬性；是波就不是粒子，是粒子就不是波。但是，現在科學家發現電子同時具
　有波和粒子的性質。有些物理學家因而創了wavical這個名詞來說明這個現象。

第二章
熄滅怒火

搶救你的房子

　　如果有人或說或做了讓我們生氣的事，我們就覺得很痛苦，往往想以同樣的方式激怒對方，讓他也同樣受苦，如此自己便覺得安慰些。我們會想：「你害我那麼痛苦，我要懲罰你，給你一點苦頭吃。只要看到你痛苦，我就會覺得好多了。」

　　許多人都相信這是幼稚的行為，但實際上，當你使對方痛苦時，他也會反擊，好讓自己舒坦些。結果雙方的痛苦不斷加深，誰都得不到好處。其實這時你們最需要的是慈悲與幫助，沒有任何人應該得到懲罰。

　　當生氣時，回到你的心，好好地照顧憤怒。如果有人讓你痛苦，你就回到自己的痛苦，好好地照顧它。這時什麼都不必說，什麼都不要做，因為生氣時的言語或行為，只會給彼此帶來更多傷害。

　　大多數人都不會如此處理憤怒，因為我們不願回到自己，只想抓住對方，好好地懲罰他。

　　想想看，如果你家著火了，最重要的事是回家滅火，而非追縱火的嫌犯。如果只想去追打縱火嫌犯，房子很快就會燒光，這就太不明智了。這時真正該做的事是回去滅火。同樣地，當你很生氣時，如果還一直與對

當生氣時，回到你的心，好好地照顧憤怒。

方爭論，甚至想要懲罰他，你的表現就如同那個追縱火犯的人了。

熄火的工具

佛陀已經把熄滅怒火的工具傳授給我們，那就是：念念分明地呼吸與走路、擁抱憤怒、深層地觀照認知的本質，以及深入地看到對方深受其苦，也需要幫助等不同方法，這些都是由佛陀直接傳授且是非常實際的方法。

所謂念念分明地「吸氣」，就是清楚覺知空氣如何緩緩地進入體內；而念念分明地「呼氣」，就是清楚覺知身體正將二氧化碳排出去。當念念分明地呼吸時，你會感覺自己與四周的空氣、身體，漸漸地聯繫在一起；因為注意力完全地放在呼吸上，你與你的心也緊密地結合在一起。只要一次念念分明地呼吸，就可以將你、內在的自己與周遭的事物，重新聯繫在一起。接著，再念念分明地呼吸三次，這種緊密的關係就可以維繫下去。

不論何時，你若不是站著、坐著或躺著，就是在走路。但是，你要走到哪裡去呢？其實，你已經到達，只要跟隨著步伐，就可以走在當下，走到淨土，走入天

只要一次念念分明地呼吸，就可以將你、內在的自己與周遭的事物，重新聯繫在一起。

堂。當你從一個房間走到另一間，或從一棟大樓走到另一棟時，試著感覺腳與大地的接觸；當空氣進入身體時，試著覺察身體與空氣的接觸。這能幫助你發現，在每吸一口氣或吐一口氣時，都能自在地走路。當吸氣時說：「吸」，當吐氣時說：「吐」，如此一來，隨時隨地都可以練習「行禪」。這就是修行，你隨時都如此做，因而有能力轉化生活。

許多人喜歡閱讀宗教書籍或踐行某種儀式，但是他們都不太想真正地修行。其實無論屬於哪一種宗教，只要我們願意身體力行，願意真正地修行，所學習到的教導都具有轉化內心的能力。修行可以將心中憤怒的火海，轉化成清涼的湖泊，一旦我們內心得到轉化，不只能停止受苦，也會成為身邊的人快樂與幸福的泉源。

我們生氣時，看起來像什麼？

當憤怒生起時，拿出鏡子看看自己，這時的你一點都不可愛，臉上的肌肉緊繃，看起來就像顆隨時引爆的炸彈。你可以看看正在生氣的人，當看見她全身緊繃時，你會開始害怕，因為她內心的炸彈好像隨時都會引爆。所以，在生氣時，自己照照鏡子，這會給你很大的

修行可以將心中憤怒的火海，轉化成清涼的湖泊。

幫助，它將成為敲醒你的正念之鐘。當看到自己生氣的模樣，你就會生起想要改變的動力，知道必須做些什麼讓自己看起來更漂亮一點。這時的你不需要任何化妝品，只要平和、冷靜地呼吸，心存正念，保持微笑。如果你能如此練習一、兩次，就會愈來愈漂亮。你只需要面對鏡子，冷靜地吸氣，微笑地吐氣，立刻就會感到如釋重負。

生氣雖然是種心理現象，但與體內的生化元素息息相關。因此，生氣會立刻使肌肉緊繃，但是一旦知道如何微笑，身體就會開始放鬆，怒氣也會漸漸消散。微笑可使正念的能量從內心生起，幫助你接受憤怒。

古代皇帝、皇后的臣子們都得隨身攜帶鏡子，因為當皇宮貴族要召見時，他們都得看起來完美無瑕。為了保持這禮節，他們會隨身攜帶裝小鏡子的錦囊。你也可以試試看，隨身帶面鏡子，偶爾看看自己正處於什麼心境下，在念念分明地呼吸幾次後，對自己微笑一下，緊張就會消失，而覺得輕鬆多了。

用正念的陽光擁抱憤怒

憤怒就像是個大聲哭鬧的嬰兒，痛苦而不斷哭泣。

你也可以試試看，隨身帶面鏡子，偶爾看看自己正處於什麼心境下。

所有的孩子都需要母親的擁抱，而你就是你的孩子——憤怒——的母親。當開始練習念念分明地呼吸時，你就聚集了母親撫慰、擁抱孩子的能量。然後，以這個能量好好地擁抱憤怒，繼續練習吸氣、吐氣，你的孩子很快就會得到解脫。

我們知道，所有植物都需要陽光的滋養，對光源也很敏感，凡是獲得陽光擁抱的植物都會經歷內在的轉化。清晨時，花朵含苞待放，直到太陽生起，陽光開始擁抱它們，慢慢地進入它們。陽光是由微細的光子所組成，光子一個個、慢慢地進入花朵，直到整朵花都充滿光子。這時，花朵便不再抗拒而綻放在陽光下了。

同樣地，身心構造也對正念非常敏感，如果正念擁抱身體，身體就會得到轉化；同樣地，只要正念能擁抱憤怒與絕望，它們也會得到轉化。根據佛陀的教導與自己的修行經驗，我們了解任何事物只要經過正念能量的浸淫，就會得到轉化。

憤怒就像一朵花，剛開始時，你可能不了解它的本質或起因。但如果你知道如何以正念的能量擁抱它，它就會開始對你開啓心房。你可以坐著，慢慢地數呼吸或練習行禪，慢慢地聚集正念的能量來擁抱憤怒。只要十到二十分鐘，它就會自然而然地在面前釋放開來，突然

憤怒就像一朵花，如果你知道如何以正念的能量擁抱它，它就會開始對你開啓心房。

之間，你就會看到它的本質。你將發現，它之所以生起，可能只是因為錯誤的認知，或缺乏純熟的禪定功夫罷了！

烹煮你的憤怒

為了讓憤怒的花朵綻放，你需要保持正念一段時間。這就像在煮馬鈴薯，當你把馬鈴薯放在鍋子裡，蓋上鍋蓋，放到爐子上，即使把火開到最大，如果只過五分鐘就熄火，馬鈴薯並不會熟，你必須讓火繼續燒十五、二十分鐘，才能將它煮熟。然後打開鍋蓋，就能聞到馬鈴薯的迷人香味。

憤怒也是如此，它需要經過烹煮。剛生氣時，憤怒是生的，就像一顆生的馬鈴薯很難下嚥，但是如果你知道如何照顧、烹煮它，憤怒的負面能量，就會慢慢地轉化成具有正面能量的了解與慈悲。

相信我，你一定做得到，不是唯有菩薩才能做到，你也能將憤怒的垃圾轉化成慈悲的花朵。其實，一般人在十五分鐘之內就能成功地轉化憤怒。唯一的祕訣就在持續地練習念念分明地呼吸與走路，以及慢慢地聚集正念的能量擁抱憤怒。

不是唯有菩薩才能做到，你也能將憤怒的垃圾轉化成慈悲的花朵。

以柔軟的心擁抱憤怒，因為憤怒不是你的敵人，而是你的孩子。就如同你的胃與肺，每當它們出了問題，你不會想丟掉它們。同樣地，對待憤怒也是如此，你能接受它，是因為你相信自己能把它照顧好，並且將它轉化成正面的能量。

將垃圾轉化成花朵

懂得使用有機肥料的園丁一定不會丟掉垃圾，因為她需要它。她可以將它轉化成堆肥，堆肥又可以轉化成萵苣、小黃瓜、蘿蔔與美麗的花朵。身為修行人，你就像是個懂得使用有機肥料的園丁。

「憤怒」與「愛」同樣具有有機肥料的本質，它們都可以被改變。愛可以轉變成仇恨，這點你們都很清楚，很多人都有這樣的經驗。當一段感情剛開始時，我們會為對方付出許多愛，因為我們愛得如此強烈，甚至相信沒有對方就活不下去。但是，如果未練習保持正念，大概只要一、兩年，愛就會開始變成仇恨。我們對他（她）的感覺完全改觀，會覺得厭惡而無法再一起生活，離婚便成為唯一的選擇。愛情變成仇恨，花朵變成垃圾。如果這時你有正念的能量，就能看透垃圾的本

「憤怒」與「愛」同樣具有有機肥料的本質，它們都可以被改變。

質，然後對自己說：「我不怕，我可以把垃圾轉變成愛情。」

如果你在心中看到產生垃圾的因子，例如害怕、絕望或仇恨，請不要慌張。身為懂得使用有機肥料的園丁、修行人，你可以面對這負面的情緒：「我覺察到心裡的垃圾，我要將它轉化成可以讓愛重生的肥料。」

對修行有信心的人，不會想從一個困頓的關係中遁逃。當知道如何念念分明地呼吸、走路、坐下、吃飯，你就可以聚集正念的能量來擁抱憤怒與絕望，只要擁抱它，就可以讓心獲得釋放，當你繼續擁抱時，就能深層地觀照它的本質。

所以，這樣的修行有兩階段。第一個階段是擁抱並覺察：「親愛的憤怒，我知道你在那裡，我會好好地照顧你。」第二個階段是深層地觀照憤怒的本質，了解它如何產生。

照顧你的孩子──憤怒

你必須傾聽內心的憤怒，就像母親隨時都在注意孩子是否一切無恙。如果母親正在廚房工作，突然聽到房裡孩子的哭聲，她一定會立刻放下工作去安慰孩子。雖

對修行有信心的人，不會想從一個困頓的關係中遁逃。

然她可以繼續待在廚房裡做出美味的湯，但是，這湯絕
對沒有比孩子所受的苦來得重要，她必須放下湯，走進
孩子的房間。她的出現就如陽光般地溫暖孩子，因為她
有顆慈愛而柔軟的心。這時，她會先抱起孩子，溫柔地
擁抱他，她身體的能量就會慢慢地進入孩子的身體撫慰
他。同樣地，當憤怒生起時也要這麼做，你必須放下手
邊所有的事，因為此時最重要的就是回到自己，照顧內
心的孩子——憤怒，沒有任何事比好好照顧它更重要的
了。

　　記得小時候你曾發燒嗎？不論別人給你多少藥，仍
覺得很不舒服。直到母親來到身旁，輕輕地將手放在你
的額頭上，才會覺得好多了！她的手就如天使的手，當
撫摸你時，她體內那股清新的能量、愛與慈悲，便進入
你的體內。母親的手就是你的手，她的手仍活在你的體
內。如果你知道如何念念分明地呼吸，試著在此時將手
放在額頭上，就會發現母親的手還在那裡。你已經給自
己帶來相同的能量，那些從愛與溫柔中生起的能量。

　　母親不但會用正念擁抱孩子，還會專注地看著他。
而孩子之所以能獲得些許安慰，是因為母親溫柔的擁
抱，就如同花朵得到陽光的滋養。母親抱孩子不是只為
了擁抱，她還想知道孩子出了什麼問題，因為她是個真

當憤怒生起時，最
重要的就是回到自
己，照顧內心的孩
子——憤怒。

正的好母親，總能很快地找出孩子的問題，她是照顧孩子的專家。

身為修行人，我們也要成為照顧憤怒的專家，必須好好地照料自己的憤怒，且不斷地練習，直到了解它的根源與運作方式。

抱著你的孩子

當母親念念分明地抱著孩子時，立刻就能找出孩子不舒服的原因，然後要解決問題就很容易了。如果是發燒，只要給些退燒藥；如果是餓了，就給些溫牛奶；如果是尿布太緊，就把尿布放鬆。

身為修行人，我們也要如此做，須念念分明地擁抱憤怒，心才能獲得解脫。當我們不斷練習念念分明地呼吸與走路，就像為憤怒唱了一首搖籃曲，正念的能量會慢慢地進入憤怒的能量，就像母親的能量會在擁抱中進入孩子的身體一樣，這兩件事完全相同。如果你知道如何念念分明地呼吸、微笑與走路，一定能在五到十五分鐘之內，獲得心靈的解脫。

身為修行人，我們也要成為照顧憤怒的專家，必須好好地照料自己的憤怒，且不斷地練習，直到了解它的根源與運作方式。

發現憤怒的本質

　　當生氣時，我們會傾向相信憤怒是由別人所造成，而將所受的痛苦都責怪到別人身上。但是如果深入地觀察就會明瞭，造成痛苦的主因，其實是內心那顆憤怒的種子，因為很多人面臨與你相同的情況時，都不會那樣生氣，雖然他們也聽到相同的話或看到相同的情形，但是心都能保持冷靜而不被憤怒之火所轉。為何你卻那麼容易生氣呢？那是由於你內心憤怒的種子已成長茁壯，你從未好好照顧它，以致於讓它獲得太多的灌溉了。

　　每個人的意識裡都深藏著憤怒的種子，但是有些人的憤怒種子，比正面的愛與慈悲的種子還強大，這可能與過去從未修行有關。當我們不斷地滋養正念的能量，很快就會發現，原來造成痛苦與悲劇主因的並非別人，而是自己內在憤怒的種子，這才停止責怪別人，因為我們了解他人只不過是造成痛苦的次要原因而已。

　　當你有如此的洞察時，心就會得到解脫，而覺得比以前舒坦多了。但這時你生氣的對象可能仍在地獄之中，他（她）還不知如何修行。一旦你明白如何照顧憤怒，就會覺察到對方正在受苦，此刻便可將注意力放在對方身上了。

當生氣時，我們會傾向相信憤怒是由別人所造成，但是如果深入地觀察就會明瞭，造成痛苦的其實是內心那顆憤怒的種子。

幫助他，不要懲罰他

當一個人不知如何處理痛苦時，就會把它擴散到周圍的人身上，當你痛苦時，也會讓周遭的人感到痛苦，這是很自然的事。所以我們要學習如何處理自己的痛苦，才不會讓它四處擴散。

假如你是一家之主，一定會希望家人都很平安——你很慈悲，不允許自己的痛苦傷害家人，而且你知道痛苦不是個人的事，快樂也是如此，所以會學習如何處理痛苦。

當人不知如何處理憤怒時，會很無助、痛苦，也會使周遭的人痛苦。這時你可能會生氣而認為她應該得到某些懲罰——她曾經使你受苦，所以你想懲罰她。但是經過十到十五分鐘的行禪與念念分明地觀照，你開始了解她真正需要的是幫助而非懲罰，這是非常好的洞察。

這個人可能是與你很親近的人，是你的妻子或丈夫。想想看，如果你不幫助他（她），還有誰能幫助呢？

你知道如何擁抱憤怒而覺得舒坦多了，但是當你看到對方還很痛苦時，就會有股想要回到他身邊的動力，因為除了你沒有人可以幫助他。你會充滿想要幫助他的渴望，再也不想懲罰他，這是個完全不同的想法，你的

我們要學習如何處理自己的痛苦，才不會讓它四處擴散。

憤怒已經轉化成慈悲了。

正念的修行帶給我們專注力與洞察力。洞察力是修行的果實，能幫助我們原諒、關愛別人。以十五分鐘到半小時的時間，練習保持正念、專注、深入地觀照，如此能將你從憤怒中釋放出來，轉化成為可愛的人，這就是佛法的力量與奇妙之處。

停止憤怒的惡性循環

有個十二歲的小男孩，每年夏天都到梅村與其他年輕人一起修行，他與父親之間一直有些問題。每當他犯錯、跌倒或受傷時，父親不但不幫助他，反而用各種難聽的話斥責他：「你這個笨小孩！你怎麼可以對自己做這樣的事！」而這可能只是他不小心跌倒受傷了。因此，他從來不覺得父親是個慈祥的好父親，他發誓如果自己有孩子，絕不以這種方式對待他，如果孩子因玩耍而受傷、流血，絕不對他大吼大叫，而立刻擁抱他，並試著幫助他。

隔年他又回到梅村，這次妹妹與他同行。有天妹妹和其他女孩在吊床上玩，突然間摔了下來，頭撞到地上的石頭，血流滿面。小男孩突然怒火中燒，幾乎要大聲

正念的修行帶給我們專注力與洞察力。洞察力是修行的果實，能幫助我們原諒、關愛別人。

地責罵：「你這個笨女孩！你怎麼可以對自己做這樣的事！」他幾乎要做出與父親相同的事，但因他已在梅村修行兩個夏天，能及時阻止自己。他不但未責罵妹妹，反而在別人幫助她時，開始練習念念分明地走路與呼吸，前後大約只有五分鐘，就有新的體悟，他看到自己的反應、憤怒，還有從父親身上所承襲的習氣——他變得與父親一樣，成為父親的延續者。雖然不願這樣對待妹妹，但是父親傳給他的負面能量如此強大，使他幾乎就要做出與父親相同的事。

對一個十二歲的小男孩而言，這樣的覺醒相當難得。他繼續練習行禪，突然間內心生起一股新的動力，想要藉修行來轉化自己的習氣，不再將習氣傳給孩子，他知道唯有修持正念，才能幫助他停止痛苦的循環。

他同時發現父親其實也是憤怒的受害者，可能也不想如此對待他，但是父親內心的習氣同樣實在太強烈了。當洞察父親可能也是負面習氣的受害者後，他對父親的怒意完全消失，幾分鐘後，他突然很想回家邀請父親一起來修行。對一個十二歲的小男孩而言，這實在是個了不起的體悟。

我們觀察得愈多，就愈理解他，愈理解他，就愈容易對他產生悲憫和愛的情感。

做一個好園丁

當真正了解別人所受的痛苦，你就有能力轉化那股想要懲罰他的欲望，然後只想幫助他（她）。這時你就知道自己的修行是成功的，你是個好園丁。

每個人心中都有一座花園，修行人都得回到這花園，並好好地照料它。也許過去你讓它荒蕪了好長一段時間，但是現在，你應該對這花園的動靜瞭若指掌，並整理得井井有條，重現美麗與寧靜。如果你能好好地照顧它，很多人都會享受到它的美麗。

好好照顧自己與身邊的人

小時候，父母會教我們如何呼吸、走路、坐下、吃飯與說話，但是當我們成為修行人時，又再度經歷重生成為具有精神生活的人。所以，我們得再學習如何呼吸，念念分明地呼吸；學習如何走路，念念分明地走路；也要學習傾聽，念念分明地、充滿慈悲心地傾聽；還要學習說話，如何使用愛語、信守承諾。當你說：「親愛的！我要你知道，我很痛苦、很生氣。」這就信守了承諾。「親愛的！為了我，也為了你，我很努力地要

當真正了解別人所受的痛苦，你就有能力轉化那股想要懲罰他的欲望，只想幫助他。

照顧好憤怒，因為我不想讓情緒失控，那樣會毀了我們。我會盡力改變自己，我正在練習從老師與師父那裡所學的功課。」你的坦白會讓對方對你生起敬意與信心。最後，「親愛的，我需要你的幫助。」這是一個強而有力的聲明，因為通常你生氣時，只會不耐煩地說：「我不需要你。」

如果你可以發自內心真誠地說出這三段話，對方的心靈就能獲得轉化。不用懷疑它所帶來的影響力，你已用行動感動對方，讓他（她）也想與你一起做。她會想：「他這麼誠實地對待我，信守他的承諾，又這麼努力，我一定也要這麼做。」

所以，只要你照顧好自己，也就照顧好所愛的人，只有好好地愛自己，才有能力去愛別人。如果不能照顧自己，你絕對不會快樂，如果內心無法平靜，就不能讓周圍的人感到快樂，你無法幫助別人，也不懂如何去愛。你愛別人的能力完全視愛自己的能力有多少，以及是否能好好地照顧自己。

治療心裡受傷的孩子

很多人的心裡都住著一個受傷的孩子，這些傷痕可

只要你照顧好自己，也就照顧好所愛的人，只有好好地愛自己，才有能力去愛別人。

能來自於父母，他們也許在童年曾受過創傷，由於不知
如何治療，只能將傷痛傳給我們。如果我們不知如何轉
化與治療內心的傷痕，也可能繼續將它傳給孩子、孫
子。所以，我們必須回到內心那個受傷的孩子身邊，幫
助他（她）從傷痛中痊癒。

有時心裡那個受傷的孩子會需要我們全部的注意
力，他可能從意識底層出來，要求我們關心他，如果你
念念分明，就會聽到這孩子求助的聲音。這時你就不會
想去看美麗的日出，而會想回到自己，溫柔地擁抱內心
受傷的孩子。「吸氣，我回到受傷的孩子身邊；吐氣，
我會好好地照顧他。」

要能真正地照顧自己，就必須回到內心照顧受傷的
孩子。你必須練習每天回到他的身邊，像個大哥哥、大
姊姊般地擁抱他、與他說話，或以兩、三頁的信紙寫信
給他。告訴他，你知道他在那裡，會盡最大的努力治療
他的傷痛。

當說到慈悲地傾聽，通常會認為是要去傾聽其他
人。其實我們也要學習傾聽內心受傷的孩子，因為他就
活在當下，現在就可以治療他。「孩子！我在這裡，我
已經準備好聽你說話。請你告訴我所有的傷痛，我就在
這裡聽你說話。」如果你知道如何回到他身邊，而且每

我們也要學習傾聽
內心受傷的孩子，
因為他就活在當
下，現在就可以治
療他。

天如此練習五至十分鐘，療效就會出現。當去爬壯麗的
山時，邀請他同行；當欣賞美麗的日出時，邀請他一起
享受美景。若能持續幾星期或幾個月，心裡受傷的孩子
就能痊癒，而「正念」正是供給我們能量的來源。

成為一個自由自主的人

　　每分鐘的修行都在聚集正念的能量，正念並非來自
身外，而是你的內心。正念的能量可以幫助我們活在當
下，完全地活在此地、此刻。當念念分明地喝下一杯
茶，你的身心就完全結合成一體，你是真實的，茶也是
真實的。但是如果你坐在一家播放著音樂的咖啡廳，腦
海裡想著工作，這並未真的在喝茶或咖啡，你喝的就是
工作與擔憂。你一點都不真實，咖啡也不真實，茶或咖
啡只有在你回到自己的那一刻，在你將自己從過去、未
來與擔憂中釋放出來時，才是真實的。當你是真實的，
茶也變得真實，而你與茶的接觸也變得真實，這才是真
正的「喝茶」。

　　你可以辦個「茶禪」的活動，讓朋友們有機會練習
「活在當下」，真正地享受一杯茶與彼此的存在。茶禪就
是一種修行，它能幫助我們獲得解脫。如果你還牽掛、

當你是真實的，茶也變得真實，而你與茶的接觸也變得真實，這才是真正的「喝茶」。

擔憂過去，或擔心未來，隨時帶著工作、害怕、焦慮或
憤怒，你就不是自由的人。因為你未完全地活在當下，
生命就不真的屬於你，茶、另外一個人、藍天或花朵都
不是你的。所以，為了真真實實地活著，為了能深深碰
觸生命，你必須成為自由的人，培養正念可以幫助你獲
得自由。

　　正念的能量就是活在當下的能量，你的身心是合一
的，當你練習念念分明地呼吸、走路，就能從過去、未
來、工作中解脫，又重新而完整地活著，完全地活在當
下。「自由」是讓你接觸生命、藍天、樹木、鳥兒、好
茶與其他人的基本條件，所以練習保持正念是如此重
要。而且，這不是件必須花好幾個月來訓練自己的苦差
事，一小時的練習就可以讓你更有覺照力。例如喝茶
時，訓練自己念念分明地喝茶，當下你就是個自由的
人；做早餐時，也可以訓練自己成為自由的人。每天的
每一刻，都是訓練自己念念分明地活著、聚集正念能量
的好機會。

「親愛的！我知道你在這裡，我很高興你在這裡。」

　　我們常常忘了自己擁有什麼，但是有了正念，就能清

為了真真實實地活
著，為了能深深碰
觸生命，你必須成
為自由的人，培養
正念可以幫助你獲
得自由。

楚覺察到當下的所有事物，包括你所愛的人。當你告訴
所愛的人：「親愛的！我知道你在這裡，我很高興你在
這裡。」這表示你是個很自由的人，而且擁有正念，有
能力珍惜與感謝在當下所發生的一切。你活在當下，而
且所愛的人就在你身邊。

　　內心培養多少正念的能量，對你非常重要，因為你
要用它擁抱所愛的人。當你深情地看著所愛的人，跟他
（她）說：「親愛的！你能在這裡真好，我真高興你能站
在我面前。」不但你很高興，對方也歡喜，因為他（她）
讓你的正念如此幸福地擁抱著。當能與另一個人如此相
處，你會對那人生氣機會就減少許多。

　　每個人都可以如此練習，且無須花八個月來完成，
只需要每天花一、兩分鐘練習念念分明地呼吸與走路，
把自己帶回此地、此刻，讓自己再次真正地活著。然後
走向所愛的人，注視他的眼睛，微笑地對他說：「親愛
的！你能在這裡真好。真高興你能站在我面前。」

　　正念可以使你與所愛的人快樂而自由。或許現在你
所愛的人正被她的憂慮、憤怒與善忘所困擾，但是正念
可以將你與她從痛苦中解救出來。因為正念是佛陀的能
量、開悟的能量，只要念念分明，佛陀就無所不在，隨
時都用愛的臂膀擁抱你們。

禪定的目的是給自
己和他人帶來安
寧、快樂與和諧。

第三章
真愛之語

一場和平對談

我們要與家人、心靈契合的朋友一起修行，因爲我們很難靠自己的力量獲得成就，我們都需要盟友。在過去，我們與家人、朋友的關係可能是建立在使彼此受更多苦，以及與日俱增的憤怒上。但是現在，我們要開始改變，要以照顧好彼此的哀傷、憤怒與挫折而結盟，要共同商討重建和平的策略。

先從與所愛的人談話開始：「親愛的！過去我們都讓彼此受太多苦，而成爲憤怒的受害者，爲彼此建造了可怕的地獄。現在，我想要改變，希望我們能成爲盟友，互相保護，一起修行。讓我們一起轉化憤怒，修持正念來建立美好的生活吧！親愛的！我需要你的幫助、支持與合作。沒有你，我真的做不到。」你必須把這些話告訴伴侶、兒女，而且就是現在！這番話將帶給你們新的體悟，這就是愛。

你可能在聽聞五分鐘的佛法後，就獲得某種體悟，但是你必須在生活中維持，如此才能把它帶回家，應用在生活上。當這體悟在心中不斷滋長，困惑與無知就會漸漸地隨之消除，它不但會影響你的想法，也會影響身體與生活方式。所以，試著與伴侶、所愛的人溝通出維

只有當我們不執著於某種觀點、不狂熱盲從時，和平才有可能實現。

持和平的行動計畫、正念消費的行動計畫和保護彼此的
行動計畫，這對你們很重要。為了讓這場對談圓滿成
功，你們必須全力以赴，把自己最好的一面呈現出來，
如此才有可能讓彼此停止受苦。現在，你要重新開始轉
化自己，但是如何說服對方一起努力，就得看你自己
了。

重新開啟溝通之門

　　有位年輕的美國人，他與父親已有五年不交談了。
有天因接觸到佛法，對他造成很深的影響，徹底地改變
他的生活，他想讓一切重新開始，因而決定出家。他先
與梅村的師父們共住了三、四個月，以強烈的動機證明
自己可以成為出家人。從進入禪修中心的那天起，他就
不斷地練習念念分明地觀照、行禪與打坐，與我們一起
作息。

　　他不對父親抱任何期待，就從自己做起。禪修的生
活與內心的寧靜，使他能每天心平氣和地寫信給父親。
在不期待父親回信的情況下，將修行過程與每天所感受
的小小快樂，全都寫信告訴父親。六個月之後，他打電
話給父親。在電話接通之前，他不斷地保持念念分明地

我們所講的話可以
在我們周圍創造出
愛、信任和幸福的
氛圍，也可以創造
出地獄。

呼吸，以幫助他保持冷靜。父親對他的出家完全不諒解，因此開口的第一句話是：「你還跟那個團體在一起嗎？還在當和尚嗎？你將來到底會有什麼出息？」年輕人回答他：「爸爸！現在我最關心的事是如何與你建立良好的關係，與你重新溝通，如何親近你，這就是我唯一關心的事。對我而言，這比任何事，包括我的未來，都要來得重要。」

他的父親沈默了很長一段時間，這位年輕的法師就持續地專注在呼吸上。最後父親開口了：「我同意你剛才說的，這對我也很重要。」所以，父親對他的感覺其實不是只有憤怒，這六個月來，他在寫給父親的信中說了許多美好的事物，這些都滋養了父親內心正面的種子。從那天起，父親每天都打電話給他，他們又打開了溝通之門。現在，這對父子的快樂已是一件事實。

和平之道，從自己開始

在我們於生活中有深深地改變之前，要先檢視自己的飲食習慣與消費方式。我們必須以一種停止消費有毒物質的新方式生活，如此一來，才有力量使內在美好的特質重新生起，不再成為憤怒與挫折的受害者。

我們必須以一種停止消費有毒物質的新方式生活，不再成為憤怒與挫折的受害者。

當溝通之門開啓時，所有的事都變成可能，因此，我們應該把心力放在重建與別人的溝通上。你必須向對方表達想要和解的願望，請他支持你，告訴他：「我們之間的良好溝通，對我非常重要。我們的關係對我是如此可貴，沒有什麼比這更重要了。」就這樣清楚地告訴對方，並請他支持你。

你們必須開始協商出一個新的策略，不論對方能做到多少，你都必須盡自己最大的努力去做，百分之百地投入。所有你為自己做的，都要為對方而做。不要等待或預設條件，或說：「如果你不試著做點什麼來與我和解，那我也不要。」這樣只會失敗。和諧、和解與快樂，得從自己開始做起。

如果我們總是相信，只要對方未改變，事情就無轉圜的餘地，這是錯誤的。我們總是有其他創造快樂與和諧關係的方法，而你就有開啓的鑰匙，走路、呼吸、微笑與回應的方式都很重要，你必須從這些地方做起。

溝通有很多種，最好的方式就是你不再生氣，也不想責怪對方，能完全了解並接納對方的想法。不要只用言語，也要以你的舉止——愛的眼神與溫柔的動作來傳達。若讓人覺得親近你是件很愉快的事，事情就會有很大的轉變，沒有人可以抗拒與你接近，你成為一棵有樹

溝通有很多種，最好的方式就是你不再生氣，也不想責怪對方，能完全了解並接納對方的想法。

蔭的大樹、一條清涼的小溪,給人一種清新怡人的感覺,人類與動物都想親近你。因此,當你真正地從自己做起時,就有能力重新開啟那道溝通之門,其他人也會很自然地開始改變。

訂立和平條約

我們要告訴所愛的人:「親愛的!過去我們讓彼此都受了很多苦,因為我們都無法處理憤怒。現在,我們必須一起來想個新方法,好好地照顧自己的憤怒。」

佛法可以消除憤怒的心火、痛苦的熱度,可以在當下帶給我們快樂與寧靜的智慧。因此,我們想出來的和解辦法,也應該建立在佛法的基礎上。

當憤怒的能量生起時,我們常會有股衝動,想去懲罰使我們痛苦的人,以發洩內心的憤怒。這是我們內在的一種習氣,每當痛苦時,總是責怪他人帶給我們痛苦。其實,我們才應該為自己的憤怒負責,但是,我們總是無知地相信,如果能說些或做些什麼來懲罰他,就會覺得舒服一點。我們應該將這樣的信念徹底連根拔除,因為生氣時所說或所做的任何事,都只會更加傷害彼此的關係。所以,試著在生氣時,什麼都不要做。

佛法可以消除憤怒的心火、痛苦的熱度,可以在當下帶給我們快樂與寧靜的智慧。

當你說了難聽的話，或做了報復別人的事，憤怒常常只會有增無減。因為如果你使別人受苦，那人也會說些或做些什麼來報復你，他也希望這麼做會舒服一點。冤冤相報的結果，衝突便繼續擴大，即使同樣的衝突一再發生，你們也都清楚每次的憤怒與痛苦是如何擴大，但仍然未從經驗裡有所學習。因為你從未發現，每次懲罰對方時，只會使情況更加惡化。

懲罰別人就是懲罰自己，永遠都是如此。每當美國懲罰伊拉克時，不但伊拉克受苦，美國也受苦。同樣地，當伊拉克想傷害美國時，不但美國受苦，伊拉克也受苦，這樣的情況在世界各地都是如此。無論在以色列與巴勒斯坦之間，或在回教徒與印度教徒之間，或在你與另一個人之間，都是如此。所以，讓我們醒過來吧！認清一項事實，懲罰別人並非聰明的方法。大家都是聰明人，應該好好地善用自己的智慧，集思廣益，共同約定一個能照顧憤怒的方法，明白懲罰對方其實是不智之舉。所以，你們要相互承諾，當生氣時，不會意氣用事地說話或做事，而會回到自己，以念念分明地呼吸與走路來照顧憤怒。

利用你們心情愉快時，簽下和平條約——一紙真愛的條約。這和平條約是完全基於真愛而簽訂，與政黨之

懲罰別人就是懲罰自己，永遠都是如此。

間所簽署的政治條約完全不同，因爲那完全是爲了各自
的利益，彼此之間仍充滿懷疑與憤怒，你們的和平條約
則是出於眞愛的誓約。

擁抱憤怒

　　佛陀從未要我們壓抑憤怒，他教導要回到自己，好
好地照顧它。當身體不適時，可能是腸胃或肝出了問
題，這時就必須放下工作，好好地照顧自己。我們會做
一些按摩，或以熱水袋熱敷，很細心地照顧身體。

　　情緒就像器官，是我們的一部分。所以生氣時，也
應該回到自己，好好地照顧它。我們不能說：「憤怒，
走開！我不要你。」因爲胃痛時，你不會說：「胃，你
走開！我不要你。」你一定會好好地照顧它。同樣地，
我們也必須擁抱與照顧憤怒，要認知它的本質，擁抱
它，然後對它微笑。念念分明地走路與呼吸的能量，可
以支持我們這麼做。

每一個行為、每一
個想法都會產生影
響，即如我剛剛拍
了一下手，它的影
響就無所不在，甚
至在遙遠的星系。

快樂絕不是個人的事

　　在此，我不是要告訴你隱藏自己的憤怒。相反地，

應該讓其他人知道你在生氣、受苦，這點很重要。當你對別人生氣時，請勿假裝不生氣或不痛苦。如果那人對你很重要，就必須向對方坦承你很生氣，且在受苦，你可以用很冷靜的方式告訴他（她）。

在真愛裡沒有驕傲，你不能假裝未受苦或不生氣。由於自尊心作祟，而想向對方否認真正的感覺：「生氣？我？我為什麼要生氣？我沒事兒！」但其實你覺得糟透了，好像正被地獄的怒火所燃燒。你必須把這感覺告訴伴侶或兒女。我們常會想告訴別人：「我不需要你來使我快樂，我自己也可以過得很好！」當這麼做時，你就違背原本說好要分享一切的誓言。

以前當你們還很甜蜜時，你會向對方說：「沒有你，我根本無法生活，你是我快樂的泉源。」但是當你生氣時，說的話卻完全相反：「我不需要你！你不要靠近我！不要碰我！」這時你寧可鎖上房門，表現出完全不需要對方的態度。這是種非常人性而原始的反應，但並不是有智慧的作法，畢竟快樂不是你個人的事。如果你們當中有個人不快樂，另一個人就不可能快樂。

1.「親愛的！我很生氣，也很痛苦。」

如果能對別人說：「親愛的！我愛你」，這是件美好

我們是其他的一切，其他的一切是我們，無二無別。我們為自己所做的一切即是為別人，我們為別人所做的一切即是為自己。

又重要的事。我們都會想要與所愛的人分享快樂、美好的感覺。但是生氣、痛苦時，也應該讓對方知道你的感受，你有權利這麼做，這才是真愛。試著很平靜地向對方說：「親愛的！我很生你的氣，現在我覺得很痛苦。」可能這時你的聲音聽起來很難過，但沒有關係，就是不要說懲罰或責怪對方的話。「親愛的！我需要你知道，現在我很生氣，也很痛苦。」這是真愛的語言，因為你們誓言要以伴侶、夫妻的角色支持對方。同樣地，父子、母女也都是彼此的伴侶，無論生氣的對象是孩子、父親或母親，你都應該把心裡的話說出來。

你有責任告訴對方你在生氣。當快樂時，你與他（她）分享喜悅；當痛苦時，也要將痛苦告訴對方。即使你認為痛苦是因他（她）而起，也必須信守承諾，冷靜地告訴他（她），使用真愛之語是你唯一的條件。

你必須儘快告訴對方自己的感受，不要將憤怒、痛苦的感覺悶在心裡超過二十四小時，否則就會累積太多而傷害自己。如果你怎樣都不想告訴他，那就證明你對他的愛與信任非常薄弱。所以，儘快告訴對方你的痛苦與憤怒，你的期限是二十四小時。

你可能覺得自己仍不夠冷靜，還很生氣，而無法立刻告訴對方。這時你可以試著念念分明地呼吸或在戶外

不要辯論，不要申訴，不要責備，只需努力去理解。如果你理解了，而且表現出你理解了，你能夠愛，情形就會改觀。

步行，等你已冷靜並準備好與他分享感覺時，再開口說話。如果二十四小時的期限將到，而你仍無法冷靜，就把要說的話寫下來。試著寫張「和平紙條」交給她，並確定在二十四小時之內她會收到，這點很重要。你們都要承諾，在生對方氣時採取這樣的行動，否則就違反所簽下的和平條約。

2.「我正在努力。」

　　如果你真的下定決心要做些改變，可以再進一步地告訴他：「我正在努力」，這表示你正努力地克制自己不要意氣用事，正練習念念分明地呼吸與走路，練習以正念擁抱憤怒，用佛法的教導慢慢地轉化憤怒。但如果你並未認真地練習，請不要隨便說：「我正在努力」，只有在你生氣，而又知道如何處理情緒時，才有權利說：「我正在努力」，這句話將能激起對方對你的信心與敬意。「我正在努力」，就表示你正遵守承諾，會回到自己，好好地照顧憤怒。

　　當生氣時，憤怒就是你的孩子，要細心地照顧它。就像胃痛時要回到自己，好好地擁抱胃，它在此時就是你的孩子。胃是肉體的身行，憤怒則是內在的心行，照顧憤怒就必須如同照顧胃與腎一樣。你不能說：「憤

講話時要儘量避免引起誤解、仇視或嫉妒的言辭，要儘量說能增進彼此間的理解和相互接受的話。

怒，走開！你不屬於我！」所以當你說：「我正在努力」，就表示正在擁抱與照顧憤怒。你練習正念的呼吸與行禪，藉此釋放生氣的能量，將它轉化成正面的能量。

當你擁抱憤怒時，要深層地觀照它的本質，因為你知道自己可能是錯誤認知的受害者。你可能誤解了所看到或聽到的事，也可能對說過或做過的事抱持錯誤的想法，你的憤怒其實是來自無知與錯覺。當你說：「我正在努力」，表示你明白有好幾次都因錯誤的認知而生氣，所以現在會很小心。你知道不該那麼快認定自己是別人錯誤的行為或言語的受害者，事實上，可能是自己在內心建造了這座地獄。

3.「請你幫助我。」

接下來，你可以很自然地說出第三句話：「親愛的！請幫助我，我需要你的幫助。」這就是真愛之語。當生氣時，你會很自然地想用相反的方式說話：「別碰我！我不需要你。沒有你，我也可以把事情處理得很好。」但是，你已經承諾要照顧彼此。因此，當痛苦時，即使已經知道如何修行，你還是很自然地需要對方的幫助，請對他說：「親愛的！我需要你的幫助，請幫助我。」

當人我之間的矛盾消失了時，內心的衝突也就消失了。

如果你能寫下或說出這三句話，就真的懂得什麼是愛了，你正在說愛的語言。「親愛的！我要你知道，我覺得很痛苦。我正在努力，正試著不責怪別人，包括你。因為我們是如此親近，曾經互相承諾，所以我需要你的支持與幫助，幫助我走出這生氣、痛苦的心境。」當你以這三句話與對方溝通時，對方的心很快就能獲得安慰與解脫，而你處理憤怒的方式也可激起對方與自己的信心與敬意，其實這並不困難。

一起轉化憤怒

如果我是對方那個人，在聽到這三句話時，就會立刻感覺到你對我的忠誠與真摯的愛。因為你不只在快樂時與我分享喜悅，也願意在受苦時讓我分擔痛苦。當你告訴我正在盡力時，我便對你生起信心，打從心底敬佩你，因為你是個真正的修行人，你對所學的，以及對師父的教導與同修的道友們都如此忠誠。當你練習說出這三句話時，就已在內心擁抱師父與僧團了。

因為你如此盡心，我很自然地也想要盡力，因而回到內心開始練習。為了讓自己值得你這麼努力，我也必須深刻地觀照自己並盡力去做。我得問自己：「我到底

當你盡了最大的努力去理解和接受時，就不必擔心結果了。你盡了最大努力，這就足夠了，別人也會盡他最大的努力。

說了或做了什麼，讓他這麼痛苦？為什麼我會這麼做？」只是聽了你說的話，讀了你寫給我的和平紙條，我就能重新找回自己。佛法在感動你之後，也開始深深地感動著我，現在輪到我來讓正念的能量盈滿自己的心了。

當對方收到你以真愛之語所傳達的訊息，就會被你的愛、話語與修行所啓發。當他了解你所說的話，許多的覺醒與敬意就會油然生起，會想回到自己，重新思考是否做了或說了什麼而讓你痛苦。如此一來，你的修行就傳遞到他身上，他會看到你正在盡力，為了回應你也會很盡力，而輕輕地對他自己說：「親愛的！我也在努力。」

這是多麼美好啊！你們都在修行，佛法已經盈滿你們的內心，佛陀正活在你們的心裡。這時什麼都不危險了，你們已經回到自己，為了能真正地了解事實而深入地觀照它。在這觀照的過程中，如果當中有人洞察事情的來龍去脈，就必須立刻告訴對方發現了什麼。

如果你發現只是由於某種錯誤的認知而生氣，就得立刻告訴對方，讓她知道你因子虛烏有的事而生氣，她並未做錯什麼，你生氣是因為對當時的情況有所誤解。你應該立刻打電話、傳眞或寫電子郵件給她，因為這時她還在為你所受的痛苦而擔心，如果你能這麼做，她就

當你愛一個人時，就會希望他幸福。如果他不幸福，你無論如何也不會幸福。幸福不是一件孤立的事情。

可以放心了。

當她反省時，可能也會發現自己曾因不理性的想法或錯誤的認知，對你說了或做了某些事，因為很後悔，也想與你分享。「親愛的！那天我不夠留神，說了些不該說的話。由於我錯誤的認知，而做了件不太好的事，我知道自己不夠小心，我不是故意要讓你痛苦。我要向你道歉，我保證下一次會更成熟、更小心一點。」當你聽到她這麼說，痛苦就會立刻消失，而且這時你會打從心裡敬佩她。現在，她也成了修行人，你們對彼此的敬意都開始滋長，而「尊重」正是真愛的基礎。

你的上賓

在越南的傳統習俗中，夫妻之間應該相敬如賓。因為你們真正地尊敬對方，不會在對方的面前更衣，言行舉止都充滿敬意。如果你們對彼此的敬意消失了，真愛就無法延續。夫妻之間相敬如賓，是亞洲社會的一項傳統，我相信西方國家也有這種想法，至少在過去的社會如此。如果沒有這種相互的尊重，愛便很難持久，憤怒與其他負面的能量會慢慢控制兩人的關係，使婚姻關係開始惡化。

如果沒有相互的尊重，愛便很難持久。

在梅村所舉行的婚禮上，新婚夫妻相互鞠躬以表示對彼此的恭敬。我們相信每個人的心裡都有佛性，都具有能開悟、長養慈悲與智慧的能力，所以要表達對彼此的恭敬。當你向伴侶鞠躬時，也向他（她）宣示你的愛；當你不再尊敬他，對他的愛便隨之而逝。因此，我們要很小心地去滋養、維護對彼此的敬意。

使用這三句真愛之語，在衝突中認知自己的責任，都是向對方表達敬意與滋養彼此真愛的踏實作法。不要小看這三句真愛之語的力量！

口袋裡的小石頭

真愛之語中的每個微小粒子，都包含你對對方全部的愛，有了真愛，就可以面對所有的事。你可以把這三句話寫在一張信用卡大小的紙條上，放在皮夾裡，把它當作能拯救你的寶貝，它會隨時提醒你記起你們之間的承諾。

有些人喜歡把院子裡撿到的小石頭洗淨放在口袋裡隨身攜帶。每次把手插進口袋裡時，就會碰到它，然後輕輕地握著，開始試著念念分明地呼吸，內心就能漸漸平靜。當憤怒生起時，小石頭就成了你的佛法，能提醒

每個人的心裡都有佛性，都具有能開悟、長養慈悲與智慧的能力。

我們三句真愛之語。你可以輕輕握著它，平靜地吸氣、呼氣，並面帶微笑，這對止息憤怒會有很大的幫助。你也許會覺得這方法有點幼稚，但它的確很有效。當在學校、工作或購物時，沒有東西可以提醒你回到內心，因此可以把小石頭當作老師、同修，它就是你正念的晨鐘，能讓你休息片刻，慢慢地回到呼吸上。

很多人會用念珠來念誦耶穌或阿彌陀佛的名號，這顆石頭與念珠是相同的，它能提醒你，老師、師兄、師姊們永遠與你在一起，幫助你回到自己的呼吸，讓愛在心中滋長而生生不息。這顆小石頭能幫助你永遠保持一顆覺悟的心。

第四章
轉化

我們內心的能量區

我們都知道當憤怒生起時，若採取任何語言或行動並不明智，因此，想克制自己的反應，須先從言行下手。其實真正該做的是：回到內心觀照憤怒。

憤怒是心中的一個能量區，是屬於我們的一部分，是個內心正在受苦而需要照顧的小孩。當生氣時，我們最該做的事，就是聚集另一個能量來擁抱與照顧憤怒。第二個能量區是正念的能量，也就是佛的能量，它存在於每個人心中，我們都有能力藉念念分明地呼吸與走路來聚集它。所謂「佛在心中」，不只是個概念或理論，而是真實的存在，每個人都有能力聚集正念的能量。

「正念」就是活在當下，清楚地覺察周圍所發生的一切事。這個能量對於修行非常重要，它就如同慈祥的母親，把自己正在哭泣的孩子──憤怒、絕望與嫉妒，擁入懷裡，好好地照顧。

因此，我們有兩個能量區，一是「憤怒」，二是「正念」，修行就是要以正念的能量覺知與擁抱憤怒的能量。這並非是壓抑憤怒，你必須溫柔地、慢慢地做，絕不能使用暴力。正念是你，憤怒也是你，不該把自己變成戰場，不要利用某一方去擊倒另一方。我們不要認為「正

「正念」就是活在當下，清楚地覺察周圍所發生的一切事。

念」是好的、正確的，「憤怒」就是壞的、邪惡的，只
要認知到「憤怒」是負面的能量，而「正念」是正面的
能量，你要以正面的能量「照顧」負面的能量。

自然的感覺

修行是根基於對「不二」（non-duality）[1]的認識，我
們內心所有負面與正面的感覺，都遵循自然的法則而
生，都同樣真實。因此，無須在內心打仗，只要擁抱與
照顧這些感覺。你可能認為必須與邪惡的感覺對抗，並
將它趕出心靈，但這是錯誤的。在佛教傳統中，禪坐並
非把自己變成以「善」擊「惡」的戰場，這點非常重
要。你所要練習的，其實是轉化自己。如果內心沒有垃
圾，就沒有東西可作堆肥來滋養心中的花朵，所以，痛
苦、悲傷的感覺正是你所需要的，也都是真實、自然
的，可以轉化並好好地利用它們。

對相互依存的洞察

修行的方法是非暴力的，非暴力來自於對「不二」
與「相互依存」的洞察，洞察所有的事物都相互牽連，

在佛教傳統中，禪
坐並非把自己變成
以「善」擊「惡」
的戰場。你所要練
習的，其實是轉化
自己。

無法獨立存在。當你對其他事物使用暴力，便是在對自己使用暴力。只要仍未洞察「不二」，就會想使用暴力、懲罰、壓迫或毀滅。一旦洞察「不二」的眞理，就能同時對內心的花朵與垃圾微笑，並用雙手擁抱它們，這洞見是你採取非暴力行動的基礎。

　　當你洞察「不二」與「相互依存」的眞理，就會以最和平的方式照顧身體，也會以非暴力的方式照顧包括憤怒的各種心行，同時溫柔地對待兄弟姊妹、父母與周圍的人。因此，「非暴力」很自然地就可以從這種新的態度中生起，一旦洞察相互依存的事實，就不會再將別人視爲敵人。

　　修行的基礎在對「不二」與「非暴力」的洞察，一旦有所洞察，就會懂得如何溫柔地對待自己的身體、憤怒與絕望。憤怒的根存在於非憤怒的元素與生活方式中，如果我們對內心的每個想法、感覺都加以無分別地照料，就能避免負面能量的掌控，藉著減弱負面種子的能量，正念也能免於被淹沒。

以有智慧的方式表達憤怒

　　當憤怒生起時，要覺察、接納它的存在，並了解它

修行的基礎在對「不二」與「非暴力」的洞察，一旦有所洞察，就會懂得如何溫柔地對待自己的身體、憤怒與絕望。

正需要我們的幫助。這時應該避免意氣用事地說話或做
事。相反地，要立刻回到自己，請正念的能量生起，讓
我們有能力擁抱、覺察與照顧憤怒。

我們也應該告訴別人自己正在生氣，覺得很痛苦。
「親愛的！我要你知道，現在我很痛苦、很生氣。」如果
你是個好修行人，你還會再加上：「我正在努力地照顧
憤怒。」最後是第三句：「請幫助我。」因為對方與你
的關係那麼親密，你真的需要他（她）的幫助。以這種
方式表達憤怒是非常有智慧的，是相當誠懇、忠誠的，
因為當你們剛在一起時，已彼此許下承諾，要分享所有
的無論是正面或負面的事物。

這種愛的語言與溝通方式，將能讓對方對你生起敬
意，並鼓勵他也回頭反省自己，試著與你做同樣的事。
他會看到你如此尊重自己的感覺，而且當生氣時懂得如
何處理情緒。同時，由於你正努力地擁抱憤怒，就不再
將對方視為敵人而想懲罰他，反而會把他（她）當作是
一直支持你的朋友。因此，這三句真愛之語非常值得你
試試看。

你得記得在二十四小時之內告訴對方這三句話。佛
陀說，比丘有權利生氣，但是不能超過一個晚上，畢竟
把怒氣憋在心裡太久實在很不健康。因此，不要把這種

如果你對自己都不
能慈悲，那麼你又
豈能對他人慈悲？

感覺憋在心裡超過一天。你要冷靜、充滿愛意地告訴對方這三句話，一定要訓練自己這麼做。如果怎樣都無法冷靜下來，而期限又快到了，就把這三句話寫在紙上交給對方。「親愛的！我很生氣，我覺得很痛苦。不知爲什麼你要對我做出這樣的事，對我說那樣的話。我要你知道我很痛苦，我正在努力地照顧憤怒。親愛的！我需要你的幫助。」你一定要把這張和平紙條交給對方，而且確定他已收到。事實上，你會發現，在交給他和平紙條的那一刻，你的心已經得到些許解脫。

相約在星期五晚上

你也可以在三句真愛之語的後面，再加上幾句話：「這個星期五晚上，讓我們一起坐下來，好好地觀照整件事吧！」你可以在星期一或星期二就告訴對方這個想法，如此你可以有大約三到四天的時間，好好地練習如何進行和平對談。而且在這三、四天裡，你們都還有機會回想造成衝突的原因，了解整件事的來龍去脈，可以自己決定要何時討論它，不過我想星期五晚上是最好的，因爲如果你們因此而和解，接下來就可以共度一個很美好的週末。

愛語是一種布施行為。當我們以慈悲心出發時，就可以通過自己慈愛的語言而給許多其他人帶來快樂。

在約定好之後，你就得不斷地練習念念分明地呼吸，並觀照憤怒的根源。不論你是在開車、走路、做飯或洗東西，都要持續地以正念擁抱憤怒。這麼一來，就有機會深刻地觀照憤怒的本質，然後會漸漸發現造成痛苦的主因，原來是內心那顆生氣的種子。你會那麼生氣，是因為這顆種子太常被自己與其他人所灌溉了。

憤怒以種子的形式存在我們的內心，愛與慈悲的種子也是如此。在我們的意識中，總是潛藏著各種負面與正面的種子。修行的目的，就是要避免灌溉負面的種子，而能辨認出正面的種子，並且每天持續地灌溉它們。這就是愛的修行。

選擇性的灌溉

你必須以「選擇性的灌溉」（selective watering）來保護自己與所愛的人。對你所愛的人說：「親愛的！如果你真的關心我、愛我，請不要每天灌溉我負面的種子。如果你繼續這麼做，我會很不快樂，如果我不快樂，就會使你不快樂。所以，請幫助我，不要灌溉我內心憤怒、不耐、苦惱與絕望的種子。我也向你保證，我會很小心地不去灌溉你的負面種子。我知道，只要灌溉

傾聽是解決問題的基礎。解決問題意味著把和平和幸福帶給家人、社會以及其他民族。

你的負面種子，你就會很不快樂，而我也會因此受苦。
因此，我發誓，我只灌溉你內心那些愛、慈悲與善體人
意的正面種子。」

在梅村，我們稱這種修行為「選擇性的灌溉」。如果
你是個易怒的人，那是因為內心那顆憤怒的種子長期得
到灌溉，是你允許它接受灌溉的。你從未與周圍的人協
議好只灌溉好的種子，並保護自己，如果你不能保護自
己，也就無法保護所愛的人。

每當我們擁抱憤怒，好好地照顧它時，心就能獲得
些許的解脫。如果我們繼續深入地觀照，就會漸漸得到
一些新的體悟。第一個體悟可能是，心中那顆憤怒的種
子實在太大了，它正是造成痛苦的主因。一旦看到這個
事實，就會發現原來對方只不過是次要的原因而已，並
非讓我們生氣的主因。

如果我們繼續深入地觀照整件事，就會清楚地看到
那個使我們生氣的人，其實也深受其苦。一個內心痛苦
的人也會帶給周圍的人許多痛苦，因為他不知如何處理
自己的痛苦，如何擁抱與轉化它，所以痛苦只會不斷加
深，而身旁的人都不曾幫助他。我們都未做到選擇性的
灌溉，如果曾試著每天灌溉他內心正面的種子，他就不
會是今天這個樣子了。

每當我們擁抱憤
怒，好好地照顧它
時，心就能獲得些
許的解脫。

選擇性的灌溉非常有效，只要一小時就可以讓事情產生很大的轉變。如果你願意花一小時灌溉別人內心的花朵，就可以讓它重新綻放，而這並不困難。

澆花

幾年前，有對夫婦從法國西部波爾多到梅村參加佛法講座。那天我們正在慶祝佛誕，我所講的題目正是「選擇性的灌溉」，當我講課時，發現那位妻子坐在後面暗暗飲泣。演講結束後，我慢慢地走近她的丈夫，告訴他：「你的花很需要你的灌溉。」他很快就明白我的意思。在回家的路上，他開始灌溉妻子內心正面的種子，他們大概只花了一個小時又十分鐘回到家，當打開家門時，孩子驚訝地發現母親今天晚上很不一樣，她顯得神采奕奕、笑容滿面，她已經很久沒有如此了。

其實，這位妻子的內心有很多美好的種子，可是丈夫一直未察覺、灌溉它們，只是一再地為她的負面種子澆水，這完全是因為他不懂如何修行。他並非沒有能力灌溉妻子的正面種子，其實他可以做得很好，只是必須到梅村來，讓我們提醒他修行的方式，以及心靈導師的鼓勵。所以，大家一起共修是很重要的，你需要與僧

我們的伴侶也是一朵花。如果我們照顧好她，她就會長得很美麗，否則她就會漸漸地枯萎。要想使一朵花長得好，我們必須了解它的習性，例如需要多少水與陽光。

團、師兄、師姊、朋友們一起修行，來提醒你這些已經
知道的事。雖然佛法就在你心中，它也需要灌溉，唯有
平日灌溉，它才會在你需要時顯現在面前，而成為真
實。如果你真的能灌溉所愛的人心中的正面種子，他就
不會帶給你那麼多痛苦了。因此，你必須為自己所受的
痛苦負部分的責任。

回家幫助他

　　在星期五的約會前，你一定要先深入地觀照整件
事，才能了解自己在這衝突中所扮演的角色。不要責怪
對方，你必須先認知一個事實，內心那顆憤怒的種子才
是造成痛苦的主因，而對方只不過是次要的原因而已。

　　當你開始了解自己在衝突中所扮演的角色時，心就
會獲得許多解脫。你又可以念念分明地呼吸，能擁抱憤
怒，並慢慢地釋放內心負面的能量，只要十五分鐘的修
行，你就會覺得舒服多了。

　　但是，當你的心獲得解脫時，對方可能還陷在自己
的負面情緒中而痛苦不堪。她是你所愛的人，是你的花
朵，你已經承諾要好好照顧她，所以對她有責任。你知
道必須為她現在這樣子負部分的責任，因為你未好好地

如果你不理解，你
就不會如法地愛。
沒有理解，你的愛
可能只會使對方感
到痛苦。

修行，未照顧好花朵。有了這樣的想法後，你會開始同情她，有股想回家幫助她的衝動。想想看，這個人對你那麼重要，如果連你都不想幫忙，還有誰會來幫助她呢？

一旦生起要回到她身邊幫助她的衝動，你就知道所有憤怒的能量都已轉化成慈悲，修行已開花結果，那些肥料、垃圾都已轉化成花朵。整個過程可能需要十五分鐘、半小時或一小時，完全看你專心與保持正念的程度，以及在修行的過程中所獲得的智慧與體悟。

如果你在星期二就有新體悟，也認知到自己的責任，即使這時離星期五還有三天，為了不讓對方再繼續擔心，你應該馬上打電話給他。「親愛的！我現在已經覺得好多了。我突然了解，原來我是自己錯誤認知的受害者，我很清楚地看到，是我讓我倆受苦的。請不要再擔心星期五晚上的約會。」你會這麼做，因為你愛她。

我們大部分的憤怒都是由錯誤的認知所引生。所以，觀照痛苦的成因時，只要一發現生氣是由於自己的誤會，就得立刻告訴對方。因為事實上，對方並不想使你受苦，也不想傷害你，但是基於某個原因，你深信他要使你受苦。每個人都得練習深入觀照心念，無論我們是父母、子女或伴侶。

觀照痛苦的成因時，只要一發現生氣是由於自己的誤會，就得立刻告訴對方。

你確定自己是對的嗎？

曾經有個男人必須離家一段很長的時間，在他離開前，並不知太太已懷孕，等到他回家時，孩子已經生下。他一開始就懷疑孩子不是他的，而且認定是常來幫忙的鄰居與他太太所生，他總是滿懷疑心地看著小男孩，他恨他，因爲在孩子的臉上看到鄰居的臉。有天，他的弟弟第一次來訪，當第一眼見到孩子，就對他說：「他簡直與你長得一模一樣，根本就是你的複製品嘛！」這句話去除了他長久以來的錯誤認知，而這認知已經佔據他的心達十二年之久，不但使他太太深受其苦，也讓小男孩因父親的怨恨而痛苦不堪。

我們常依著錯誤的認知在行事，其實不該如此確定自己的看法是正確的。當看到美麗的太陽，你可能相信太陽就是現在這樣子，但是科學家會告訴你，那是它八分鐘前的樣子。因爲太陽與地球相距遙遠，陽光需要花八分鐘才能到達。又如當看著天上的星星時，你相信它就在那裡，但事實上它可能在一千年、兩千年或一萬年前就已經消失了。

我們必須非常小心地看待自己的認知，否則就會因此而受苦。你可以試著在紙條上寫著：「你確定嗎？」

我們練習「止」與「靜」就是為了給自己，也給那些我們所愛的人提供空間——不管是內在的或外在的。

然後貼在房間，這將對你有很大的幫助。你是否曾經注意到在大型醫療院所裡，也開始掛上這樣的標語：「即使你很確定，請再檢查一次。」這是提醒病人愈晚發現疾病就愈難治療的警語。雖然醫院所關心的是那些潛伏的疾病，而非內在的心行，但我們還是能利用這標語提醒自己：「即使你很確定，請再檢查一次。」我們常因錯誤的認知而使自己痛苦，也把所愛的人一起推入痛苦的深淵。因此，問問自己，你確定自己是對的嗎？

有些人因為錯誤的認知而痛苦了十幾、二十年，他們相信別人背叛或厭惡他們，即使對方可能只是出自一番好意。一個錯誤認知的受害者，不但使自己痛苦，也連累周圍的人。

所以當生氣、痛苦時，請回到自己，深入地檢視認知的內涵與本質，檢視所相信的事。如果能去除錯誤的認知，祥和與幸福的感覺就會在心中浮現，而你又有能力重新愛別人了。

一起觀照憤怒

當對方看到你在盡力檢視自己生氣的原因時，也會產生想要修行的動力。當她開車、做飯時，會問自己：

如果能去除錯誤的認知，祥和與幸福的感覺就會在心中浮現，而你又有能力重新愛別人了。

「我到底做了什麼，說了什麼，讓他那麼痛苦？」然後也會深入地觀照自己。她知道，一定是她做了什麼事讓你如此痛苦，而開始懷疑是否眞的不用對你的痛苦負責。如果她發現其實是她說的話或做的事不小心傷害了你，那麼她就應該打電話或傳眞向你表達歉意。

　　如果你們都在深入觀照的這個星期中有所體悟，就不用等到星期五才溝通，可以把星期五晚上當作特別的夜晚，一起坐下來享用一頓美好的晚餐，或喝杯茶，配上美味的蛋糕。你們可以爲彼此眞摯的愛情而慶祝。

和對方分享每件事，即使是件很困難的事

　　如果你們都沒有成功，那麼星期五晚上就是練習傾聽與愛語的時間了。生氣的那個人有權利告訴對方他在想什麼，如果你不是那個生氣的人，就坐著靜靜地傾聽，因爲你已經允諾要來傾聽，而不是立刻給對方回應。你慈悲地傾聽，不評斷、不批評或分析，讓他放心地說出自己的感覺，並且從這過程中獲得心靈的解脫。

　　如果你是那個生氣的人，當向對方述說自己的痛苦時，有權利說出心裡所有的感受，而且這是你的責任，對方有權利知道所有的事。你們已經答應對方要坦誠相

藉著你們對彼此的愛，通過學習使一個人幸福的藝術，你們學會了表達自己對整個人類和所有生命的愛。

對，就應該將所有的想法告訴他。但是有個條件，你必須以平靜、充滿愛意的語言表達。當你開始感到不耐煩，覺得快失去冷靜與誠意時，請停下來告訴對方：「親愛的！我現在無法繼續說下去，我們可以找其他時間再談嗎？我需要再練習念念分明地走路與呼吸。現在我覺得不太舒服，我想我無法好好地說出愛語。」對方一定會同意將這個聚會延期，或許下個星期五再試試看。

如果你是那個傾聽的人，也要練習念念分明地呼吸。為了能好好地傾聽，你必須藉著念念分明地呼吸來清除內心所有的念頭與想法，以慈悲心傾聽，全心全意地幫助對方獲得解脫。你的內心就有顆慈悲的種子，當見到對方如此痛苦時，它就會顯現在你的面前。所以你要發願成為觀音菩薩—— 那個諦聽眾生之苦的偉大存在，也就是大慈大悲的觀世音菩薩，一定是個真實存在的人，而不僅是概念而已。

有了慈悲心，你就不會犯錯

你只有在忘記對方正在受苦時，才可能犯錯。我們都很容易相信自己是唯一受苦的人，而對方正因為我們痛苦而幸災樂禍，當你相信自己是唯一受苦的人，而對

為了能好好地傾聽，你必須藉著念念分明地呼吸來清除內心所有的念頭與想法，以慈悲心傾聽，全心全意地幫助對方獲得解脫。

方都毫無感覺時，就會說出或做出卑鄙殘忍的事。但是一旦你認知到對方也正在受苦，就能扮演好觀音菩薩諦聽眾生的角色，會開始對他（她）產生慈悲心，而且能在傾聽的過程不斷地保持，你成了他（她）最好的心理醫生。

當對方傾吐感覺時，他可能很喜歡評斷是非，或責怪、懲罰別人，他甚至可能是個尖酸刻薄、憤世嫉俗的人。但是由於你心懷慈悲，他的言語並不會影響你。慈悲的甘泉多麼美好啊！如果你下定決心要長養慈悲心，就獲得保護。對方所說的話不會激起你的憤怒或不耐，因為慈悲是憤怒最好的良藥，沒有什麼比它更能治癒憤怒了。所以，培養慈悲心是種很好的修行。

但只有真正的了解，慈悲才可能生起。那麼，到底要了解什麼呢？我們要了解對方正在受苦，而自己必須幫忙，如果我們不想幫忙，還有誰會來幫忙呢？可能在你用心傾聽時，會發現對方有很多錯誤的認知，但還是得繼續保持慈悲心，因為你知道她只不過是個錯誤認知的受害者罷了。如果試著糾正她，只會打斷她，使她無法繼續完整地表達自己。所以，你就坐在她身邊，專注地傾聽，以所有的善意傾聽，這將帶來很大的療效。

如果你很想幫助她改變錯誤的認知，就必須等待正

慈悲是憤怒最好的良藥，沒有什麼比它更能治癒憤怒了。

確的時機。當你傾聽時，唯一的目的就是讓她有機會說出心裡的感受。你什麼都不必說，只要好好地傾聽，因為今天晚上是要讓她說話的。過了幾天，等她心情好一點之後，可以試著給她一些暗示，讓她知道真的需要改變錯誤的認知。「親愛的！那天你說了一些事，但事實上情況並非如此。因為，……」請用愛的語言告訴她，如果需要的話，可以找個比較了解情況的朋友來描述當時的情況，這樣才能幫助她從錯誤的認知中解脫。

耐心是真愛的標記

憤怒是個活生生的感覺，它會生起，也需要時間平息。即使你有充分證據能向對方證明他的憤怒完全是來自於錯誤的認知，你還是不能立刻干預他的感覺。憤怒就像你的渴望、嫉妒與悲傷，也需要時間平息。即使他已經完全了解是自己的誤解，也無法立刻平息怒火，就像把電風扇關掉，風扇仍會持續轉個幾圈才會停止一樣，憤怒也是如此。所以，不要期待對方立刻息怒，那太不切實際了，你必須讓憤怒慢慢止息，不要去催促它。

耐心是真愛的標記。父親必須對兒女充滿耐心，才

憤怒是個活生生的感覺，它會生起，也需要時間平息。你也要對自己有耐心，練習擁抱憤怒需要時間。

能讓孩子們感受到他的眞愛。身爲母親、爲人子女者，也是如此。如果要愛一個人，就要學會有耐心地對待他，如果沒有耐心，就無法幫助別人。

你也要對自己有耐心，練習擁抱憤怒需要時間。雖然以五分鐘練習念念分明地呼吸、走路與擁抱憤怒，可以給你很大的幫助，如果覺得五分鐘不夠，就花十分鐘；如果十分鐘不夠，就花十五分鐘。給自己足夠的時間擁抱憤怒，不要心急。練習念念分明地呼吸與在室外走動，都是擁抱憤怒的好方法，慢跑則是另一種方法，這就像煮馬鈴薯，必須讓火燃燒至少十五到二十分鐘才能煮熟，你不能生吃馬鈴薯。所以，你必須把憤怒放在正念的火上烹煮，這可能會花十到二十分鐘，也許更久也說不定。

獲得勝利

為了讓事物在我們面前充分地展示自己，我們需要做好放棄一切有關它們的成見的準備。

當煮馬鈴薯時，必須蓋上鍋蓋，避免熱氣散出，就像禪修時必須集中精神一樣。所以，當你練習以走路、呼吸照顧憤怒時，不要做任何其他事，例如聽廣播、看電視或讀書，把鍋子蓋好，就專心做一件事。你必須專心地練習行禪，念念分明地走路，然後以百分之百的自

己擁抱憤怒，就如同在照顧嬰兒一般。

　　經過一段時間的擁抱與觀照，正念就會生起，憤怒將慢慢消失，你會覺得愈來愈好，然後想回到對方的身邊幫助他。當你掀起鍋蓋時，馬鈴薯就會香氣四溢，這時憤怒已經被轉化成愛與慈悲的能量了。

　　轉化憤怒是可能的，就像鬱金香在陽光充足時綻放，讓心接收陽光的能量。憤怒也是一種花，必須以正念的陽光擁抱它，讓正念的能量融入憤怒的能量裡，再維持五至十分鐘的正念，就可以轉化憤怒了。

　　憤怒、嫉妒、絕望等每種負面的心行，對正念都很敏感，它們對正念的敏感度就如同植物對陽光的敏感。只要培養正念，就能治癒身心的疾病，因為正念是佛陀的能量。在基督教中，他們說耶穌具有上帝的能量，聖靈就在祂的身上，所以祂可以治癒那麼多人，他們稱這種可以治癒別人的能量為「聖靈」。在佛教裡，這種能量稱之為佛陀的能量、正念的能量。

　　正念裡有專注、了解與慈悲的能量。因此，修習佛教的禪坐，就是要聚集能帶來專注、了解、慈悲、愛與幸福的能量。每個在禪修中心的人，都在練習聚集正念，因此我們可以提供一股巨大而集中的正念能量區，它可以幫助我們保護自己，以及那些與我們相聚的人。

正念裡有專注、了解與慈悲的能量。

　　只要一炷香的時間，就會發現自己有能力照顧憤怒，我們已經爲自己與所愛的人取得勝利。當失敗時，我們與所愛的人都失敗了，但當我們取得勝利時，也爲其他人取得勝利。所以即使另一個人不知他可以如此修行，我們也可爲自己與他而修行。不要等待別人來開始你的修行，你可以同時爲你們兩人而修行。

注釋：

①大乘經中強調「我」與「無我」、「空」與「有」、「生死」與「涅槃」等對立雙方，都是「不二」的關係，《維摩經》等謂之「不二法門」。也就是說，所有兩極的、矛盾的、對立的現象，皆統一於同一緣起性空的真如體性。

第五章
慈悲地溝通

可能曾經有段時間，你覺得自己完全無法與父母溝通，雖然同住在一個屋簷下，但彼此的距離卻非常遙遠。在這情況下，父母與子女都在受苦，因為你們相信彼此之間只剩下無盡的誤解、恨意與隔閡，而忘了其實你們還有許多共同點，還是能相互了解、原諒與關愛對方。因此，認知到人人心中都有股正面的能量，可以幫助我們免於受到其他負面能量的控制，是非常重要的。

烏雲背後的陽光

下雨時，我們總以為太陽不見了，此時若坐上飛機，穿越雲層，燦爛的陽光又在眼前，這才明白陽光其實永遠都在。同樣地，當我們感到憤怒、絕望時，愛其實也還在心裡，與人溝通、原諒和慈悲他人的能力，仍然存在。你要相信我們都有愛、了解與慈悲的能力，能超越自己的憤怒與痛苦。一旦明瞭這點，下雨時便不再絕望了。你知道雖然現在在下雨，但陽光仍在烏雲背後，等雨停了，很快地又會照耀大地，所以我們要滿懷希望。當你與別人發生衝突時，提醒自己，內心仍保有那些正面的種子，你就會相信有突破困境的可能，只要一突破，兩人心中最美好的特質又會重新顯現。

當我們感到憤怒、絕望時，愛其實也還在心裡，與人溝通、原諒和慈悲他人的能力，仍然存在。

修行就是為了這一刻，幫助你用心接觸陽光、佛陀，以及心中美好的特質，就能在困境中轉化自己。你可以用任何在心靈傳統中較熟悉的名稱，來稱呼心中這美好的特質。

你必須深信，自己有能力保持內心的寧靜。訓練自己相信，佛的能量就在心中，而唯一要做的，就是呼喚這能量來幫助自己。你可以用念念分明地呼吸、走路或靜坐，來呼喚它。

訓練自己諦聽別人

溝通是一種修行，必須有很好的禪修才能做到良好的溝通，光有誠意是不夠的，你必須學會如何正確地溝通。也許你早已失去傾聽別人的能力，而這可能是因為你要傾聽的對象，說起話來總是尖酸刻薄，或譴責、怪罪別人，你無法再忍受，不想再聽了，於是想逃避他，你已無力再傾聽他說話了。

你由於恐懼而逃避他，不想再讓自己受苦。但如此一來，卻加深了他對你的誤會，覺得你鄙棄他，而這只會使他更加痛苦；你可能還會給他一種要聯合別人抵制他，或刻意忽略他存在的印象。你無法面對他，卻也無

你必須深信，自己有能力保持內心的寧靜。訓練自己相信，佛的能量就在心中。

法逃避。所以，唯一的解決方法，就是訓練自己能重新與他溝通，而諦聽正是你開啓溝通之門的那把鑰匙。

許多人內心都充滿苦惱，覺得自己的處境無人能解。每個人都來去匆匆，似乎找不到可以坐下來傾聽的人，但我們是多麼需要有個人能傾聽自己說話。

在現代社會中，接受訓練而成爲心理醫生的人，責任就是坐在那裡傾聽，讓人可以完全地打開心門。他們必須深切地傾聽病人，才能成爲眞正的心理醫生。一個好的心理醫生，一定會全神貫注地傾聽病人，而不對病人帶有任何歧視或價值判斷。

我不知道心理醫生如何訓練自己具有這種傾聽的工夫，事實上，很多心理醫生內心也非常痛苦。當他坐下來傾聽病人時，內心痛苦的種子也獲得灌溉，如果他因而被自己的痛苦所淹沒，又如何能好好地傾聽他人呢？因此，如果你準備當心理醫生，一定要學習如何諦聽。

所謂「全神貫注地諦聽」，是一種讓對方感覺到你眞的在聽他說話的傾聽，必須讓對方知道你眞的了解且是用「心」聆聽。有多少人能如此做呢？大部分的人都會同意，我們必須用心傾聽，才能聽到對方想說的話；我們也都同意，應該讓對方感覺到我們聽到他所說的話，而且完全地了解，唯有如此，他才能獲得解脫。但是，

所謂全神貫注地諦聽，是一種讓對方感覺到你真的在聽他說話的傾聽。

能如此傾聽的有幾人呢？

用傾聽幫助別人解脫

　　慈悲地諦聽的目的，不是要分析或驗證所發生的事，而是希望對方的心能獲得解脫，有機會說出心裡的話，感受到終於有人真正了解他（她）。「諦聽」是種傾聽的方式，幫助我們在聽別人說話時，不斷地保持慈悲心，這過程大約需要半小時至四十五分鐘。這時，你心裡只有一種想法與希望——讓對方有機會表達自己，因而減輕內心的痛苦，這就是你諦聽唯一的目的。其他那些對事實的分析與了解，只不過是諦聽的副產品罷了，最重要的是，要用慈悲心傾聽對方。

慈悲心是憤怒與痛苦的解藥

　　如果在傾聽時，能不斷地保持慈悲心，憤怒與不耐就無法生起，否則對方所說的話就可能激怒你，讓你生氣或痛苦，只要心懷慈悲，就能免於惱怒、生氣或失望。

　　當傾聽時，你希望自己能如觀世音菩薩一樣諦聽，但即使你很清楚對方正飽受痛苦，且現在就需要你的解救，

慈悲地諦聽的目的，不是要分析或驗證所發生的事，而是希望對方的心能獲得解脫。

還是得先裝備好自己，才能好好地諦聽他人的苦痛。

　　就好像消防隊員一定要有正確的裝備，如梯子、水與消防衣，且必須知道許多自我保護的方法，才能去滅火。當你諦聽受苦的人時，就如同走進火圈，痛苦與憤怒的火焰正燃燒著你要傾聽的人。如果你未具足裝備，不但無法幫助他，自己也會成為對方內心之火的受害者，這就是為何需要裝備好的原因。

　　當傾聽時，需要的裝備就是慈悲，你可以用念念分明地呼吸來維持與滋長它。當念念分明地呼吸所聚集的正念，就能讓那股幫助對方傾吐心事的動力源源不斷。那麼即使對方說話尖酸刻薄，充滿責難、批判，由於不斷地練習念念分明地呼吸，你便受到慈悲心的保護，陪伴在他身邊一小時，也絲毫不以為苦。慈悲心不斷地滋養你，讓你知道自己正在幫助別人減輕痛苦，幫助你扮演菩薩的角色，你一定會是最成功的心理醫生。

　　慈悲來自於快樂與了解，當有慈悲心與深刻的了解，你就安全了。對方所說的話不會帶給你痛苦，你因此能做到深入地傾聽。當無法以慈悲心傾聽對方時，就不能假裝在聽，他一定會發現你內心也充滿痛苦的念頭，並未真正了解他（她）。但如果真正了解，就能以慈悲心諦聽，而傾聽的品質就是你修行的成果。

慈悲來自於快樂與了解，當有慈悲心與深刻的了解，你就安全了。

滋養自己

接觸他人的痛苦，不但可以滋養慈悲心，也能讓我們在幸福出現時，知道它就在那裡。如果我們未受過苦，就無法知道眞正的幸福是什麼。接觸人生的苦痛，正是我們要修行的功課，但每個人都無法超越自己的極限。

我們要好好地照顧自己，如果聽了別人太多的痛苦與憤怒，自己也難免受到影響，因爲接觸到的只有痛苦，沒有任何正向的事物，內心的平衡就會受到破壞。因此，我們平時就得修行，如此才能接觸那些不會傳遞痛苦的事物，例如天空、飛鳥、綠樹、花朵或孩子，那些能在內心或生活裡使人煥然一新，獲得安慰並能滋養的事物。

當你在痛苦或擔憂中迷失自己時，讓朋友來幫助你，他們可能會說：「你看！今天早晨的天空多美麗啊！雖然有點起霧，但眞的很美！這不就是我們夢想的天堂嗎？你何不回到當下，與我一起享受這樣的美景呢？」如果你正與師兄、師姊們在一起，而他們都是懂得如何讓自己快樂的人，就能幫助你走出困境，重新接觸生命正面、積極的事物。這就是自我滋養的修行，是非常重要的。

接觸他人的痛苦，不但可以滋養慈悲心，也可以讓我們在幸福出現時，知道它就在那裡。

人生如此短暫，我們每天都應該以快樂、平靜與慈悲的心，讓生活過得深刻。每天早晨，我都會在佛前點一柱香，在心底許諾──我要好好地享受這一天。幸好平時我有練習念念分明地呼吸與走路，因此，能深刻地享受生活中的每一刻。念念分明地呼吸與走路就如兩位好友，帶領我探求當下，發現生命的驚奇。

我們的內心都需要適當的滋養，聆聽鐘聲就是件令人愉悅的事。在梅村，當電話或鬧鐘響起時，或有人在敲打寺裡的大鐘時，每個人都會停下手邊的工作、交談或思緒，鐘聲於是成為敲醒正念的晨鐘。只要鐘聲響起，我們就全身放鬆，慢慢地回到呼吸上，接著會感到自己又真實地活在當下，體驗生命的驚喜。很自然地，我們會滿心歡喜地停下腳步，而非僵硬地站在那裡。然後，再慢慢地、念念分明地呼吸三次，感謝能活得如此真實。當停下腳步，開始重新找回內心的寧靜與祥和時，心又變得自由，我們會開始喜歡自己的工作，而周圍的人也變得愈來愈真實。

隨著鐘聲停下來，慢慢呼吸的修行方法，是幫助你在生活裡接觸美好的、滋養的元素的好例子。雖然可獨自練習，但跟著僧團一起做會更容易──僧團永遠都在等著你，當你迷失在痛苦中時，幫助你重新看到生命積

人生如此短暫，我們每天都應該以快樂、平靜與慈悲的心，讓生活過得深刻。

極的一面。

　　此外，了解自己的極限也是種修行，即使你是位心靈導師，有能力傾聽別人的痛苦，仍須知道自己的極限。你必須享受行禪，享受所喝的茶與別人的陪伴，如此心才能得到足夠的養分。要真正地傾聽別人，一定得先照顧好自己，一方面每天都獲得適當的養分，另一方面也要培養慈悲心，才能讓自己準備好傾聽別人。你要扮演的是菩薩的角色，菩薩內心有無盡的喜悅，能將人們從痛苦中解救出來。

你的孩子就是你

　　為人父母的你，必須懂得傾聽自己的兒女，這點很重要，因為你的兒女就是你，孩子就是你的延續。如果與兒女發生衝突，最重要的就是重建你們之間的溝通管道。如果你的心臟功能不好，胃也不太健康，你不會想把它們割除或丟棄，而說：「你不是我的心臟，我的心臟不會這麼做！你不是我的胃，我的胃不會這麼做！我以後與你無關。」這樣太愚蠢了。同樣地，如果你對子女如此說話，也非常不明智。

　　懷胎十月時，你可以感受到自己與胎兒是一體的，

了解自己的極限也是種修行，即使你是位心靈導師，有能力傾聽別人的痛苦，仍須知道自己的極限。

會對他說：「安靜一點，親愛的！我知道你在那裡。」對他說許多愛語，並開始注意飲食——你吃喝什麼，孩子就吃喝什麼；你的擔憂與快樂，就是他的擔憂與快樂，你與他完全是一體的。

當孩子生下，醫生剪斷臍帶時，一體的感覺會逐漸淡去。等到兒女十幾、二十歲時，你就完全忘記他（她）就是你了。如果把他當作是與你分離的個體，你們的關係就開始出現問題了，就如同你的胃、心臟或腎出了問題一般。如果你相信他只是另外一個人，與你完全分離，你會很自然地對他說：「走開！你不是我兒子（女兒），他（她）不會做種事！」但是你無法如此對胃、心說話，所以，你也不能這樣對兒女說話。佛陀說：「這個世界沒有任何分離的個體。」你與兒女都是世代祖先的延續，都是同一條生命長河的一部分。孩子做的每件事都會深深地影響你，就像他們在你的子宮裡一樣。同樣地，你做的每件事也會深深地影響他們，他們永遠無法與你截然分開。你的快樂與痛苦是孩子的快樂與痛苦；他們的喜怒哀樂，也是你的喜怒哀樂，所以一定要盡力重建溝通。

如果你的孩子不快樂、不微笑，你也就笑不起來了。當你邁出安詳的一步時，這一步既是為你自己，也是為孩子們，更是為這個世界而邁的。

與你的子女開始對話

　　困惑與無知讓我們總是相信自己是唯一受苦的人，而兒女並未受苦。但事實上，只要你受苦，孩子也會受苦，他們身上的每個細胞都有你，任何的情緒、想法都是你的情緒與想法。所以，記得你與兒女是一體的，開始與他們對話吧！

　　或許過去你疏於照顧自己，以致現在常常胃痛，並且飲食方式的選擇與易於擔憂的特質，都為心臟、腸胃帶來很大的負擔，因此你必須為自己的心臟、腸胃負責。如果以同樣的方式來看待與子女的關係，你就會發現必須為子女的痛苦負責。我建議你，用以下的方式與孩子溝通是比較有智慧的。試著對孩子說：「我親愛的孩子啊！我知道這麼多年來，你已經受了很多苦。當你感到痛苦時，我也覺得很難過。看到你在受苦，我怎麼快樂得起來呢？因此，我發現其實我們都在受苦，我們可以一起來改變這樣的情況嗎？可以找出解決的方法嗎？我們談一談，好不好？我真的希望能重新開始與你溝通。但是光靠我一個人，實在無法改變什麼，我需要你的幫助。」

　　如果你能用這種方式與孩子說話，情況就有可能轉

調解就是理解雙方，向一方描述另一方正在忍受的痛苦。只有這樣做，對和平才有很大的幫助。

變，你已經知道如何用愛語與他們溝通，而你所說的話都是出自對他們的愛，以及對事實的了解與領悟。當你真正了解你與孩子是相連的個體，你們的快樂與幸福絕非個人的事，這將為你們帶來很大的影響。因此，你對他們所說的話，一定是出自愛與了解，以及你對世間無分離個體的認識。你很清楚女兒今天會變得如此，因為你就是如此，你們是相互依存的；同樣地，你今天會如此，因為兒子就是如此，你們無法分割。

以正念的生活方式來訓練自己，才有足夠的能力重建與孩子之間的溝通。對孩子說：「親愛的兒子！我知道你就是我，你就是我的延續。當你痛苦時，我也無法快樂。所以，讓我們一起來解決我們之間的問題吧！請你幫助我。」兒子也可以試著以這方式與父親說話。當他經由正念的修行，深刻地體會到，當父親受苦時，他也不可能快樂，了解到沒有分離的個體，就能學習如何與父親重新開始交談，進而付諸行動。

愛侶之間也可以用這種方式重建溝通。記得過去當你們決定生活在一起時，便已經發願要成為生命的共同體，真心承諾對方，要分享彼此的快樂與痛苦。所以，現在告訴你的伴侶，你需要他（她）的幫助來重新開始彼此的關係。而這個新的開始，只是為了延續你們過去

以正念的生活方式來訓練自己，才有足夠的能力重建與孩子之間的溝通。

的承諾。我們每個人都能這樣溫柔地與別人說話，如此深刻地傾聽別人。

情書

有位法國女士，一直收藏著先生過去寫給她的舊情書。在結婚以前，他曾經寫了很多動人的情書給她。每次收到信，她都會細細地咀嚼信裡的字句──他的信是那麼甜蜜與貼心，字裡行間情真意切。每當讀完信，她總會幸福地把它們保存在餅乾盒裡，但是她已經很久沒有打開它了。某天早上，當她在整理衣櫃時，突然發現這老餅乾盒，其中的信收藏著他倆年輕時最美好的時光。她記得他們曾經如此相愛，且相信如果沒有對方，生命就無法繼續。

但過去幾年來，他們都覺得非常痛苦，不願看到彼此，也不想與對方交談或寫信。就在她發現這餅乾盒的前一天，先生出差去了，他平日在家時一點都不快樂，因此非常期待能在旅途中找到一點樂趣。她很清楚他的想法，當他說要到紐約開會時，她說：「如果你有工作要做，就去吧！」對這樣的情況，她已經習以為常了。結果他未照原定計畫回家，打電話告訴她：「我得在這

我們想佔有我們所愛的事物，不希望任何人妨礙我們完全徹底地佔有他。這種愛，給我們所愛的人建造了一座監獄，剝奪了他「成為他自己」的權利。

裡再待兩天，還有些事要處理。」她很快就答應了，因為即使他在家，她也一樣不快樂。

掛上電話後，她開始整理衣櫥，結果她發現了老餅乾盒。這是種很有名的法國餅乾，她對裡面的信非常好奇，她已經許久未曾打開。她放下手上的雞毛撢子打開盒子，感覺到某些非常熟悉的東西。她打開其中一封，站在那裡便開始閱讀起來。多甜蜜的信啊！他的言詞體貼，充滿愛意。就在那一瞬間，她整個人都不一樣了，心彷彿是乾涸的土地驀然得到雨水的滋潤，欣喜無比。她又打開另一封信，每一封信都那麼美好。最後她把盒子拿到桌上，坐下來一封封地讀，直到將裡面的四十六或四十七封信讀完為止。長久以來，她心中的快樂種子還在，雖然已被太多層的痛苦覆蓋，但仍然還在。當她讀著他年輕時因深愛她所寫的信，內心深處的快樂種子又得到了灌溉。

當你有這樣的體驗，就灌溉了深藏在意識底層的快樂種子。在過去幾年中，他未曾對她說過這樣的愛語，但現在展讀這些信，她再度感受到他過去的那些甜言蜜語了。對他們而言，快樂曾如此真實，但為何現在卻活在痛苦的煉獄中呢？她幾乎忘了他曾經如此和她說話，但這些都是真的，他曾那樣溫柔地對她說話。

當我們看東西或聽人說話時，往往並沒有真正地在看和聽。我們看到和聽到的，都是自己的揣測和先入為主之見。

灌溉你的快樂種子

就在短短的一個半小時中，那些信灌溉了她的快樂種子。她發現他們兩人都不知如何善待對方，只是一直灌溉彼此心中痛苦的種子，卻未灌溉快樂的種子。讀完這些信後，她感動地想要坐下來寫信告訴他，過去他們在一起時，她是多麼快樂，而且希望一起再找回快樂的時光。現在她又想真心地呼喚他一聲：「親愛的！」

她花了四十五分鐘寫了一封真正的情書給他。信上寫著：「這封信要寄給『那個寫下我餅乾盒裡的信的英俊男士』」。她花三小時讀完他的信，然後寫信給他，對她而言，這三小時就是修行，即使她並未意識到自己正在修行。寫完信後，她突然感到無比輕鬆，雖然還未把信交給他，但她已經覺得好多了，心中快樂的種子已被喚醒，獲得灌溉了。她上樓，把信放在他桌上。此時，她覺得非常快樂，這些信已經澆灌心中的正面種子。

當她讀著過去的情書，然後寫信給他時，她腦海中開始產生了一些新的想法。她發現兩人都不太懂得如何處理彼此間的問題，也不知如何維持快樂，而在自己的言行中，都慢慢地給對方建造了一座地獄，雖然兩人曾誓言要如家人、愛侶般相伴到老，但如今他們一點都不

當我們了解了其人的特性後，就會對他或她的困窘、抱負、痛苦和焦慮了然於心。

快樂。現在她了解問題的所在了，她相信只要兩人一起修行，一定可以找回快樂。她內心充滿希望，不再爲過去幾年來所受的苦而煩惱。

當他回到家時，走上樓，看到桌上那封信。信上寫著：「我應該爲我們所受的痛苦負一部分的責任，我們都失去了應得的快樂，讓我們重新開始溝通吧！把和諧與快樂再變爲可能吧！」他花了很長一段時間把信讀完，深入地觀照信上寫的每句話。雖然他完全未意識到自己正在禪修，但這就是他正在做的事。因爲當他讀著信時，內心快樂的種子也得到了灌漑。他在樓上待了很久，深入地觀照，慢慢地，也領悟到與太太相同的想法。由於這件事，他們都有機會再重新創造幸福。

現在許多的情侶們都已不再寫情書給對方了，他們只會拿起電話說：「你今晚有空嗎？可以一起出去嗎？」就這樣一通電話，你們便沒有什麼好說的了，這是件很可惜的事。我們都應該學習如何再開始寫情書，寫一封信給你所愛的人，他可能是父親、兒女、母親、姊妹或朋友，花點時間寫下你對他（她）們的愛與感激。

當我們內心安詳、快樂時，我們的安詳、快樂就會彌漫整個宇宙；同樣地，當我們內心充滿憎恨、憤怒時，它們也會向四面八方擴散開來。

微笑的魔力

　　你有很多方法可以重啓溝通之門。如果你覺得與兒子溝通十分困難，那麼，你不妨先花一、兩天練習念念分明地走路與呼吸，然後坐下來寫封信給他。你可以用這樣的方式和他說話：「親愛的兒子！我知道你受了很多苦。身爲你的父親，我實在應該負一部分責任，因爲我不懂得如何將自己最好的一部分傳給你。我知道你一直無法告訴我所受的痛苦，但我希望這樣的情況可以開始改變，我很想給你我全部的支持。讓我們幫助彼此，試著一起改善我們之間的溝通吧！」你必須學習以這樣的方式與所愛的人說話。

　　慈悲地傾聽與愛語可以幫助我們脫離痛苦的困境，這就是身爲修行人所能展現的奇妙之處。你也一定做得到，在你的意識深層裡就有足夠的寧靜、慈悲與了解，能幫助你脫離苦海，你必須讓心中美好的特質來幫助自己，要呼喚心中的佛陀。只要有個深愛你的朋友可以幫助你，就能重建與他人的溝通。

慈悲地傾聽與愛語可以幫助我們脫離痛苦的困境，這就是身爲修行人所能展現的奇妙之處。

第六章

你的「心經」

感恩的一刻，覺悟的一刻

　　有時我們會特別感激生命中的某人，深深地感謝他（她）的存在，那時內心會充滿慈悲、感恩與愛。我們都曾在生命中經歷過這時刻，非常感謝他（她）還活著，一直與在我們在一起，在我們生命最困難時仍陪伴身邊。我建議你，當這一刻發生時，要好好地把握。

　　為了眞正地享受這時刻，你要到一個可以獨處的地方，而非只是走到對方面前說：「我很感謝你能與我同在。」這是不夠的，你可以待會兒再做。這一刻，你最好到房間或安靜的地方，讓自己沈浸在充滿感恩的心情裡，寫下你的感覺、感謝與快樂。在半頁或一頁的紙上，盡情地表達所有的感覺，也可以錄音下來。

　　這充滿感恩的一刻，也是覺悟的、正念的、智慧的一刻，這是你從意識深處所顯現出來的。原來在我們內心深處就有這樣的智慧與洞察，但生氣時，感激的心與愛突然消失，彷彿不曾存在。所以，要將它寫在紙上並保管好，時常拿出來再讀一遍。

　　《心經》是一部佛教徒日常念誦的經典，是佛陀所有關於智慧的教導中最精華的部分。而你剛才所寫下的字句，其實就是一部「心經」──它來自你的內心，而

如果你只愛一個人身上的優點，那不是愛。你還必須接受他的缺點，並用耐心、智慧和精力來幫助他改變。

非菩薩或佛陀，是「你的」心經。

每天念一遍自己的「心經」

在那位把情書放於餅乾盒裡的法國女士身上，我們看到那些信拯救了她。在這個故事裡，我們都可以有所學習，當你也用「心」讀這樣的信時，你也獲得了拯救。你的救主不是來自身外，而是內心，你有能力去愛、欣賞與感激別人，這是一種福氣。你知道自己有多麼幸運，能遇見伴侶；又是多麼幸運，有緣在生命中遇見心愛的人。為什麼要讓這真實的感覺飛走呢？它就在你心裡啊！所以，每天要念一遍自己的「心經」。每天讀它一次，每當你感受內心的愛與感恩時，就會再次感到喜悅，再次珍惜他（她）的存在。

你必須獨處，才能真正地感謝另外一個人的存在。如果你們形影不離，你會開始把他（她）視為理所當然，而忘了他的美好。所以，偶爾有三至七天的時間離開他一下，可以讓你更加珍惜他。雖然相隔遙遠，但是他對你而言，會比你們一直在一起時更加真實。在分開的這段時間裡，你將重新體會到他是多麼珍貴且重要。

所以，請寫下你自己的「心經」或別的經典，把它

每天要念一遍自己的「心經」。每當你感受內心的愛與感恩時，就會再次感到喜悅，再次珍惜他的存在。

保存在一個祕密的地方。試著常常念誦你的「心經」，當
憤怒佔據內心，而你還未有足夠的能力擁抱它時，你的
「心經」會給你莫大的助益。把你的「心經」拿出來，深
呼吸，然後一字一句地讀出來，你很快就能回到自己，
痛苦便減輕許多。當好好地讀過你的「心經」後，就會
知道應該如何回應，採取什麼行動。最大的挑戰是你是
否願意這麼做，你必須創造那樣的情境，去準備、計
畫、安排，才能從自己的智慧中獲得真正的利益。請發
揮自己的潛能去安排與創造如此的修行方式吧！

離開憤怒的此岸

你一直站在痛苦與憤怒的此岸，為什麼不離開到無
瞋、祥和而自由的彼岸呢？那裡比這裡要快樂多了。為
什麼要花幾個小時、一個晚上或幾天的時間，讓自己在
憤怒中受苦呢？這裡就有一條船，可以幫助你很快地到
達彼岸。這條船就是練習如何回到自己，透過念念分明
地呼吸，讓我們能深入地觀照自己的痛苦、憤怒與絕
望，然後對它們微笑。當我們如此做時，便克服了自己
的痛苦，到達彼岸。

別再停留此岸吧！別再繼續做憤怒的受害者吧！你

把你的「心經」拿
出來，深呼吸，然
後一字一句地讀出
來，你很快就能夠
回到自己，痛苦便
會減輕許多。

可以決定不生氣，不生氣是可能的。你就渡河到沒有憤
怒的彼岸去吧！那兒是清涼、喜樂、讓人神清氣爽的地
方。不要再讓憤怒壓迫你了！給自己自由吧！讓自己解
脫吧！讓老師、修行的朋友與自己的修行幫你渡河。就
靠著這些船，向彼岸划去吧！

　　現在你可能正站在困惑、憤怒、懷疑的此岸，但是
別待在這兒，到對岸去！靠著你的師父、師兄、師姊
們，以及走路與呼吸時的修持、深入地觀照，每天念誦
自己的「心經」，可能只要花幾分鐘，你很快地就可以過
河了。你有權利讓自己快樂、發揮慈悲，並去愛別人。
覺悟的種子就在你心裡，藉著修持，你可以立刻讓它變
成花朵，可以停止痛苦，佛法是當下就能發揮效用的，
比阿斯匹靈還要有效。

生氣時，送給對方一份禮物

　　有時你對某人生氣，即使用盡各種方法轉化憤怒，
還是毫無用處，這時佛陀建議你送禮物給他。這方法聽
起來有點幼稚，但非常有效。當我們對某人生氣時，會
想傷害對方，但如果送禮物給他，正可以將憤怒轉化成
想使對方快樂的情緒。因此，當你對某人生氣時，就寄

覺悟的種子就在你
心裡，藉著修持，
你可以立刻讓它變
成花朵，可以停止
痛苦。

禮物給他，寄出去後就會立刻停止生氣。這方法簡單卻有效。

但請勿等到生氣時才買禮物，你應該在對他（她）充滿感激、愛意時就去買。先把它留著，甚至可以奢侈地在抽屜裡留著兩、三份禮物。以後當你生氣時，就拿一個送給他。這方法非常有用，佛陀是非常有智慧的。

你明白了，就解脫了

當你生氣時，會想減輕自己的痛苦，這是很自然的心理傾向。雖然有很多方法可以化解痛苦，但最大的心理解脫是來自於了解。當我們了解時，怒氣就會自然消除，當你了解對方的處境與痛苦的本質後，憤怒必然會消失，而轉化成慈悲。

深入地觀照是最常被推薦為治療憤怒的藥方，如果你好好地觀照，就會了解別人的困難，與他們從未實現的深深渴望。這時，慈悲就會從內心深處生起，而它正是治療憤怒的解藥，如果能以慈悲滋潤內心，怒火便會立即熄滅。

我們大部分的痛苦，是源自對「沒有獨立自我」的真理缺乏了解與洞察。

我們大部分的痛苦，是源自對「沒有獨立自我」的真理缺乏了解與洞察，其實，別人就是你，你就是別

人。當眞正發現這個事實，憤怒就會消失。

慈悲是從了解中綻放出來的花朵，當你對某人生氣時，能練習念念分明地呼吸，試著深入觀照當時的情境，了解自己或別人痛苦的本質，就能從痛苦中解脫。

發洩的危險

有些心理醫生會勸告我們，爲了讓自己覺得舒坦一些，應該把憤怒表達出來。他們建議以言語或行爲發洩憤怒，例如拿棍子打輪胎，或以全身的力氣甩門，或搥打枕頭，他們相信「發洩」是移除憤怒能量的方法。

想想看，當你在房間抽煙時，得先讓房間通風，煙才會散出去。憤怒就像一股煙，一股讓你受苦的能量，當憤怒的煙產生時，打開門與電風扇，憤怒才能排出。

憤怒的出現也需要能量，當你爲了發洩憤怒，用力敲打某個東西或搥打枕頭，大約不出半小時，就會感到疲累，無力再給憤怒補充能量，於是你便以爲自己不生氣了，但事實並非如此，你只不過是因爲太累而無力生氣罷了。

事實上，眞正使你生氣的是心中憤怒的根。它潛藏在無知與錯誤的認知裡，也在智慧與慈悲的匱乏中。當

真正使你生氣的是心中憤怒的根。它潛藏在無知與錯誤的認知裡，也在智慧與慈悲的匱乏中。

發洩憤怒時，你只是幫憤怒找到補給的能量，其實憤怒的根仍在，當以這種方式表達憤怒時，你正在強化憤怒的根，這就是發洩的危險。

一九九九年三月九日的紐約時報有篇關於憤怒的文章，題目是〈學者認為發洩憤怒是種錯誤的建議〉。這篇報導指出，社會心理學家們作了許多研究，他們發現以打枕頭或類似的方式表達憤怒或敵意，其實毫無益處。相反地，只會使情況更加惡化。

當你搥打枕頭時，並未舒緩或減輕憤怒，只是在重複憤怒罷了。如果你每天都以這種方式發洩憤怒，那麼，憤怒的種子就會不斷增長。有天當有人惹你生氣時，你就可能以平常處理憤怒的方式痛打他，因而身陷囹圄。所以，搥打枕頭或其他發洩方式處理憤怒，不但無益且十分危險。發洩並未使憤怒的能量真正消散，因為它尚未離開你的身心。

發洩憤怒的作法本身便立基於無知上，當把痛恨的對象想像成枕頭而用力攻擊時，正是在操練無知與憤怒，不但暴力與憤怒絲毫未減，反而益發強烈。愈來愈多的心理治療師已經證實，發洩憤怒的作法是很危險的。他們告訴我，已經開始停止建議病人這麼做，因為他們發現病人以打枕頭發洩怒氣後，會變得非常疲乏，

發洩憤怒的作法本身便立基於無知上，當把痛恨的對象想像成枕頭而用力攻擊時，正是在操練無知與憤怒。

表面上看起來情況似乎有所好轉，但當他們稍作休息或進食後，如果又有人灌溉他們內心憤怒的種子，他們反而會比以前更加生氣，因為憤怒的根已在重複不斷的操練中獲得了滋養。

只要有正念，你就安全了

我們應該好好地照料憤怒，認知它的存在，並好好照顧它，在心理治療上，我們將這種方法稱為「發現憤怒」。這是一種美好而重要的修持，你必須在憤怒生起時，認知它、擁抱它，而不是壓抑它。

但有個重要的問題是，到底是「誰」在發現憤怒呢？是誰在照顧、覺察它呢？憤怒是種能量，如果這能量太強大，你就可能成為受害者。因此，我們應該懂得如何培養其他可以覺察並照顧憤怒的能量。憤怒是個需要被撫慰與覺察的能量區，但問題是什麼在探索什麼呢？是什麼能量可以擁抱、覺察憤怒呢？那就是「正念」的能量。所以每當生氣時，為了能觸動內心正念的種子，並培養正念的能量，我們必須好好地練習念念分明地呼吸與走路。

正念不是要用來壓抑憤怒的，而是在那裡迎接、覺

正念不是要用來壓抑憤怒的，而是在那裡迎接、覺察它。

察它，向它說：「嗨！我的小憤怒，我知道你在那裡。嘿！我的老朋友。」正念是幫助我們認知「什麼東西在那裡」的能量，就是對某件事物保持念念分明。當你念念分明地呼吸時，就是呼吸的正念；念念分明地喝茶，就是喝茶的正念；念念分明地吃飯，就是吃飯的正念；念念分明地走路，就是走路的正念。

同樣地，我們也能練習如何念念分明地面對憤怒：「我覺察到自己在生氣，憤怒就在心裡。」因此，正念的能量是用來接觸、覺察、問候與擁抱憤怒的，而非用來打擊或壓迫的。正念所扮演的角色就像母親，當孩子受苦時去擁抱、撫慰他。憤怒就在你心裡，它是你的孩子，你必須好好地照顧它。當正念覺察到憤怒時會說：「嗨！我的憤怒，我知道你在那裡。不用怕，我會好好地照顧你。」只要當下保持正念，你就安全了。你開始微笑，佛陀的能量已在心中生起。

如果你不知如何處理憤怒，它就能殺死你，少了正念，你就可能會成為憤怒的受害者，它可以讓你氣得吐血，甚至死亡。很多人是活活氣死的，因為憤怒能讓人身心機能突然失常，在內心製造無比的壓力與痛苦。但是當佛陀現前，正念的能量生起時，你就獲得保護，它會幫你處理當下的情況。就如有大哥在，小弟就安全

> 如果你不知如何處理憤怒，它就能殺死你，少了正念，你就可能會成為憤怒的受害者。

了；有母親在，孩子就安全了。透過修行，你內心的母親或大哥就會愈來愈懂得如何照顧憤怒了。

當認知並擁抱憤怒時，一定要持續地培養正念，我們可以藉由不斷地練習念念分明地走路與呼吸來培養它。如果心中沒有正念，你所做的每件事都無法獲得解脫，即使用盡全力打枕頭也無法幫助你探索憤怒與了解它的本質，甚至連枕頭是什麼都不清楚，如果你真正明白枕頭是什麼時，就會知道它只不過是顆枕頭，根本不是敵人，為什麼要搥打它呢？因為你不知道它只不過是顆枕頭而已。

當你認真地去探索某個東西，就會知道它真正的本質，如果你深刻地去探索某個人的內心，就會知道真正的他（她）是什麼樣的人。如果沒有正念，就不可能真正認識事物或任何人，而會成為憤怒的受害者，它會推使你做出具有傷害力的事。

你就是你自己生氣的對象

你有沒有想過自己到底是誰？其實你就是那個讓自己生氣的人。如果你對兒子生氣，就是在對自己生氣。如果你認為兒子不是你，那是錯誤的，兒子其實就是

憤怒能在內心製造無比的壓力與痛苦。但是當佛陀現前，正念的能量生起時，你就獲得保護。

你。不論在遺傳上、生理上、科學上，兒子就是你的延續，這是個事實。誰是你的母親？母親就是你，你是她的下一代而成為她的延續，她也因為是你的祖先而成為你的延續。她將你與祖先們聯繫在一起，而你也將她與未來的世世代代聯繫在一起，你們屬於同一條生命的長河。如果你認為她與你是不同的個體，彼此完全無關，這是種無知。當年輕人說：「我要從此與父親斷絕關係。」那根本就是無知，其實他就是自己的父親。

身為母親，懷胎十月，你知道孩子就是你，吃飯為孩子，喝水也為孩子，處處想到孩子。當你好好地照顧自己時，就是在照顧孩子。你處處小心翼翼，你知道孩子就是你。但是等孩子十三、四歲時，你開始失去這樣的感覺，覺得與孩子是分離的，不再那麼緊緊相連。你不知如何改善彼此的關係，如何在吵架之後和解。很快地，代溝愈來愈來大且牢不可破，愈來愈難相處且衝突不斷。

深入觀照可以停止憤怒

其實你就是那個讓自己生氣的人。如果你對兒子生氣，就是在對自己生氣。

表面上看來，你與孩子是兩個分離的個體。但是如果深入觀照，就會發現其實你們仍然是一體的。因此，

化解彼此的爭執或重建和諧，這與你如何調和身心，其實是相同的。因為你與孩子具有同樣的本質，原本就是一體的。

多年以前，我走進一家倫敦的書店，看到《我的母親，我自己》這本書。這是個非常有智慧的書名，「你的母親，你自己」，你也可以寫另外一本書——《我的女兒，我自己》，或《我的兒子，我自己》、《我的父親，我自己》。這確實是個事實，當你對兒子生氣時，就是對自己生氣；當你懲罰兒子時，就是懲罰自己；當你讓父親受苦時，也讓自己受苦。我們必須洞察「無我」（non-self），洞察「我」是由「無我」的元素所組成，包括我們的父親、母親或祖先，以及太陽、空氣與大地，都是如此。這時，我們才能獲得真正的智慧。

當你洞察「無我」的真理，就會知道快樂與痛苦並非個人的事，你的痛苦就是所愛的人的痛苦，他們的快樂就是你的快樂。當你體悟到這點，就不會被懲罰與責怪的念頭所誘惑，而以更有智慧的方式行動。這樣的理解與智慧，是深思、深入觀照的果實。所以，當你念著自己的「心經」時，可以幫助你記起——你的孩子就是你，你的伴侶也是你。

讀誦經典是為了讓自己可以沉浸在「無我」的真理

當你洞察「無我」的真理，就會知道快樂與痛苦並非個人的事，當你體悟到這點，就不會被懲罰與責怪的念頭所誘惑。

與體悟中，希望你能寫出自己的「心經」，它來自你與別人本來是一體的體悟。《心經》與智慧有關，你的「心經」也是如此，它以智慧提醒你，你並不是分離、獨立的個體，也提醒你愛的智慧。當你生氣時，或被自他分離的觀念誤導時，讀一遍自己的「心經」，就能幫助你重新回到自己。當洞察生起時，佛陀當下現前，你就安全了，再也不必受苦了。

我們必須不斷地提醒自己，雖然有很多方法可以化解憤怒，但最好的、最深的解脫，還是來自智慧——對於「無我」的洞見。「無我」不是抽象的哲學概念，只要能念念分明地生活，隨時都能體驗「無我」的真實。洞察「無我」能幫助你恢復與他人之間的和諧，你有權利活得快樂，也有權利活在和諧之中，這就是你必須與他（她）一起坐下來商討生活方式的理由。

更進一步地，你也要找出讓自己獲得和諧、寧靜的方法，因為你經常為了內心的交戰與衝突而飽受折磨，所以必須與自己簽訂和平條約。內心充滿交戰是由於缺乏智慧與洞見，只要你有智慧，就能重建自己，以及與他人的和諧關係。你會知道如何有智慧地應對進退，就不會再身處於衝突的戰場之中了。如果你心中充滿和諧，對方便能覺察你的改變，彼此的關係就能很快恢復

最好的、最深的解脫，還是來自智慧——對於「無我」的洞見。

和諧，你也會因此而更快樂，更容易相處。同樣地，你的快樂也會很快地感染到其他人。

　　所以，要幫助你的兒子，得先重建自己內心的和諧。請先深入地觀照自己！如果要幫助母親，也是如此，請找出可以幫助母親的智慧。幫助自己是幫助他人的第一步，放下「自我」的幻覺，可以真正幫助我們從憤怒與痛苦中獲得解脫，這就是修行的主要精髓所在。

第七章

化敵為友

從你自己做起

　　沒有溝通就不可能有真正的了解。不過在與他人溝通之前，應該先確定你已知道如何與自己溝通。因為如果連自己都無法溝通，如何期待成功地與人溝通呢？愛也是如此。如果你不愛自己，也不可能愛別人；如果不能接納與善待自己，就無法接納與善待別人。

　　你可能從未察覺經常表現得像父親，雖然與他如此相似，你卻覺得你們是完全相反的人，而無法接納他，甚至厭惡他。但是當你無法接納父親時，就無法接納自己，父親就在你心裡，你是他的延續。因此，如果你能與自己溝通，也會懂得如何與父親溝通。

　　自我是由「無我」的元素所組成，因此，「認識自我」是一門很重要的功課。父親是個無我的元素，雖然我們說父親不是自己，但沒有父親，我們就不可能存在，他活在我們的身心當中，父親就是我自己。因此，如果你真正地了解自己──全部的你，就會明白原來你就是父親，他並不存在於你之外。

　　除了父親之外，還有許多可以碰觸、覺察的無我元素，例如祖先、大地、陽光、水、空氣、食物與其他許多事物。它們與你表面上看來是分開的，但是沒有它

沒有溝通就不可能
有真正的了解。

們，生命也無法延續。

　　這就如同交戰的雙方想要協商，但對自己都缺乏了解，唯有眞正地了解自己、國家、政黨與所處的情況，才能了解別國與其他人。自我與他人並非兩個獨立的個體，因爲你們的痛苦、希望與憤怒，都如此相似。

　　當我們生氣時，很自然地會感到痛苦。如果明白這點，就知道當對方生氣時，一定也覺得很痛苦。所以如果有人以暴力相向，你必須智慧地看到那人其實正爲他的暴力、憤怒而受苦。但是我們經常忘了這點，總認爲自己是唯一受苦的人，而視對方爲壓迫自己的人。有了這種偏狹的看法，很快地就會怒火中燒，而想懲罰對方——我們覺得很痛苦，而生起與對方相同的憤怒與暴力。但是，如果我們能清楚地看到自己的痛苦與憤怒，其實與對方的痛苦、暴力並無分別，就會變得比較慈悲。因此，了解別人就是了解自己；了解了自己，就能了解別人，這一切都得由你開始。

　　爲了眞正了解自己，必須學習以「不二」來看待事情。不應去打擊憤怒，因爲內心的憤怒就是自己，是我們的一部分。憤怒就如同愛是有生命的，必須好好地照顧，它也是個有生命的個體、一種有機的狀態，能轉化成另一個有機體，就如同垃圾可以重新轉化成肥料、萬

了解別人就是了解自己；了解了自己，就能了解別人。

苣、小黃瓜一樣。因此,不要摒棄憤怒,不要與它爭吵
或壓抑它,學習以溫柔的方式照顧它,將它轉化成了解
與慈悲的能量。

慈悲就是智慧

了解與慈悲是我們心靈力量的重要泉源,這兩種能
量與愚昧、悲觀正好相反。如果你認為對別人慈悲是被
動、軟弱或膽小的行為,那就是不明白什麼才是真正的
了解與慈悲。如果你認為慈悲的人不會對抗或挑戰不公
正的事,那你就錯了,其實他們都是滿載榮耀的戰士、
勇敢的英雄。當你決定以慈悲、非暴力的方式或「不二」
的認識來回應對方時,你的心必須非常堅強,要停止發
洩憤怒,也不再懲罰或責怪別人。慈悲不斷地滋長,你
因此能成功地以非暴力的方式對抗不正義的事。印度國
父甘地就是這樣的人,他沒有炸藥與槍,也不樹立任何
敵人,純粹以對「不二」的洞察,以及心中慈悲的力量
採取行動,他的成功不是來自憤怒。

我們的敵人不應該
是另外一個人,而
是自己與別人內心
的暴力、無知與不
公正。

人類不是我們的敵人,我們的敵人也不應該是另外
一個人,而是自己與別人內心的暴力、無知與不公正。
當我們以慈悲與智慧裝備自己時,所要對抗的不是別

人，正是內心想要侵略、掌控與剝削別人的傾向，我們
雖然不想殺人，但也不絕不允許別人掌控或剝削其他
人。你必須懂得保護自己，因為你並不愚笨，是聰明而
有智慧的。所謂對人慈悲，並非要允許別人對你或其他
人使用暴力，而是要你做出有智慧的決定。因為出自於
愛的非暴力行為，絕對是有智慧的行為。

　　慈悲心並非要你去受不必要的苦或失去判斷力。假
設你正在帶領某個團體練習行禪，練習緩慢而優雅地移
動身體。在行禪過程中，你們一起聚集許多正向的能
量，每個人都被寧靜、安定與和諧的氣氛所擁抱，但這
時天空突然下雨，你還要繼續慢慢地走路，讓自己與所
有人都變成落湯雞嗎？這就太不明智了。如果你是個好
的行禪老師，就會把行禪變成「跑步禪」，如此一來，還
是可以享受行禪的樂趣，你可以開心地笑或微笑，證明
你們的修行不是一種愚笨的行為。跑步時，你們還可以
保持念念分明，且避免全身被淋溼的不適。因此，我們
必須以有智慧的方式修行，禪修絕不是一種愚笨的行
為，不是盲目地跟隨身邊的人做，而是有技巧、有智慧
地修行。

禪修絕不是愚笨的
行為，不是盲目地
跟隨身邊的人做，
而是有技巧、有智
慧地修行。

建立慈悲的警力

仁慈並不表示被動，對別人慈悲也不是要你受人踐踏或摧殘。相反地，你必須保護自己與他人，如果某人很危險而必須拘禁他，你就應該這麼做，必須充滿慈悲心地去做。如此是為了避免他繼續各種破壞的行為，阻止他繼續灌溉內心的憤怒。

不是只有出家人才有慈悲心，即使是警察、法官或監獄警衛也能擁有慈悲心。如果你是警察、法官或監獄警衛，我們需要你成為菩薩。雖然你必須堅決不妥協地執行任務，但還是應該時時保持慈悲心。

如果你以正念來生活，就必須幫助警察去除恐懼，讓他們也能抱著慈悲心工作。現代社會裡的警察因常遭到攻擊而承受許多恐懼、憤怒與壓力，那些痛恨、侮辱警察的人並不了解他們的處境。其實當他們每天早晨穿上制服、佩帶槍枝時，並不確定今晚是否能活著回來，內心非常痛苦，家人也同樣難受。其實他們並不喜歡毆打別人或對人開槍，但是由於不知如何處理內心的憤怒、痛苦與暴力，也與其他人一樣成為暴力的受害者。因此，身為警官，如果你真的了解小隊中的每個人，就會以能心生慈悲、智慧的方式訓練自己，才能教育並幫

不是只有出家人才有慈悲心，即使是警察、法官或監獄警衛也能擁有慈悲心。

助為維持治安而日夜工作的警察們。

在法國，警察稱為「維和人員」。但如果心中沒有祥和，如何能維護城市的和平呢？在此，「和平」代表不恐懼、智慧與了解。雖然警察都學會一些保護自己的方法，但只有自我防衛術是不夠的，還必須有智慧，在行動時能毫無恐懼。如果你害怕，就很容易犯錯，你會想使用槍，而可能傷及無辜。

我們不能預設立場

在洛杉磯曾有四位警察毆打一名黑人幾乎致死，媒體將這新聞報導到全世界，人人議論紛紛。你可以選擇站在被毆打的受害者那邊，或站在警察這邊。但是當你評斷它並選擇立場時，就表現得好像置身在這衝突之外，既非被毆打的黑人司機，也非毆打黑人的警察。如果你能進一步地觀照整件事，就會發現其實你就是被毆打的人，也是毆打人的警察，因為他們心中那些憤怒、害怕、挫折與暴力的負面情緒，都存在我們心中。

為了深入了解警察並幫助他們，可以把自己想像成是他們的先生或妻子，每天生活在一起，你很快就會發現，原來警察的工作那麼辛苦。這樣的體認將使你每天

回歸自我是為了看清楚正在發生的事情，而習禪正是要對正在發生的事情保持清醒意識——當下正在發生著什麼，這是非常重要的。

都想做些事，來幫助伴侶轉化心中的憤怒、害怕與挫折。當你有能力化解先生或妻子的痛苦時，整個城市也會因而受益，即使是犯罪的青少年也會受到影響。這就是幫助社會最好的辦法，靠你的智慧、體悟與慈悲，可以阻止許多暴力事件發生。

一個停止憤怒與暴力的對話

有些人對警察抱持很負面的印象，認為警察喜歡暴力、歧視別人且懦弱膽小，很多年輕人甚至將警察視為敵人，他們燒警車、打警察，認為警察是帶給他們憤怒、挫折的人。我們何不安排一場會議、一個對話的機會，讓警察與因暴力行為而被拘禁的年輕人互相溝通？何不讓警察與這些年輕人有機會說出他們的挫折、憤怒與害怕，然後全程錄影讓全國人都能從對話中學習呢？

這將是一次真正的禪修，由於每個人都在深入觀照，且是以整個城市、國家的立場在觀照警察與年輕人之間的問題。到現在為止，我們都還未看到事實的真相，雖然我們都看過電影、偵探小說與西部片，但是還未看到人們心中真實的情況。我們應該安排這樣的對話，讓真相能呈現在所有人面前。

如果我們自己不能微笑，就不可能幫助別人微笑。如果我們自己不安詳，就不可能為和平運動作出貢獻。

轟炸我們自己

耶穌曾說：「神啊！請你原諒他們，因爲他們不知道自己在做什麼。」如果有人犯罪而帶給人無比的痛苦，那是由於他根本不知自己在做什麼，很多年輕人會犯罪，是因爲不知暴力會帶給別人多少痛苦。每次當他們採取某種暴力行爲時，也傷害自己與其他人。他們誤以爲發洩憤怒與使用暴力，可以讓自己覺得好過一點，但事實上，憤怒只是不斷地在他們心中滋長。

當你對敵人發射炸彈，你也對自己與國家發射一枚相同的炸彈。美國人在越戰所受的痛苦一點都不比越南人少，他們的傷痛與越南人同樣深。停止暴力才是我們該做的事，但是我們無法眞正地停止暴力，除非明白所做的一切都將同樣地影響到自己。身爲修行老師，一定要讓學生知道當使用暴力時，他們也將同受其苦，這不能只用說的，必須以更有創意的方式教導他們，畢竟以說教的方式分享看法是無效的，應該靈活而有智慧，懂得使用一些「技巧」。在修行上，純熟的技巧非常重要，眞正偉大的精神導師應該在修行與幫助別人方面，皆具足純熟的技巧。

真正偉大的精神導師應該在修行與幫助別人方面，皆具足純熟的技巧。

在戰爭發生前就停止它們

　　大多數人都要等到戰爭爆發，才想以某種方式來停止。其實我們不知戰爭的根源隨處皆是，它們就根植在思想與生活方式裡，但是大多數人都無法在戰爭潛伏時就看見它的存在，一直要等到戰爭爆發而人們開始談論時，才會注意到它。然後情緒開始被戰爭的緊張情勢所控制而感到無助，因此決定選擇認同的一方，相信它是對的，並開始譴責錯誤的一方。但是當我們如此做時，並未做出任何貢獻以停止戰爭所造成的破壞。

　　身為真正的修行者，你必須在戰爭發生前，就深入地觀照當時的情況，採取行動阻止它。藉由洞察與覺照力幫助其他人覺醒，讓他們看清楚真實的情況，建立起與你相同的認知，然後就能共同以有技巧的方式消弭戰爭。

　　當前南斯拉夫（Yugoslavia）的內戰爆發時，北約國家曾認為只有轟炸首都貝爾格萊德（Belgrade），才是停止南斯拉夫種族歧視問題的唯一方法，他們都相信已別無他方法。由於缺乏深入觀照與禪修的能力，他們無法看到在戰爭前就已浮現的問題而試著去解決。暴力永遠無法帶來和平與真正的了解，只有深入觀照戰爭的根

身為真正的修行者，你必須在戰爭發生前，就深入地觀照當時的情況，採取行動阻止它。

源，才有可能重建和平。

如果你是個好修行人，可能已有比別人更深的洞察，或已知有其他比使用炸彈或暴力更好的方式，來解決種族歧視的問題。現在地球上隨時都可能爆發很多戰爭，如果你是個支持世界和平的人，就該警覺到這點，並盡全力結合周圍的人阻止戰爭的爆發，阻止它製造更極端的暴力。如果你想停止發生在科索沃（Kosovo）的暴力介入，就得提出別的解決方案，如果有很好的想法，應該告訴立法委員，敦促他們進行調停，如此就可以採取更多正面的行動。為了能在停止戰爭與暴力上達成共識，我們需要學習以國家的立場靜坐觀照，而不只是從個人的立場出發。

達成共識

有位年輕人是素食者，他之所以吃素，並非因為宗教狂熱或標新立異，而是出於正念。父親對他的改變相當不悅，因此他已經很久未享受和諧、快樂的家庭生活了。他知道自己不會改變吃素的決定，因為吃肉會讓他變得很糟，雖然他無法改變自己去取悅父親，但是他也不想讓家裡緊張的氣氛持續下去。最後，他以智慧解決

真理是在生活中發現的，而不僅僅存在於概念性的知識中。準備好盡你的一生去學習，隨時隨地觀察你自心和世界的實相。

這個問題，並非消極地接受這樣的情況。

有天他帶了一捲錄影帶回家，對父親說：「爸！這裡有捲很棒的紀錄片。」然後開始播放一部有關屠宰動物的紀錄片。當父親看到屠宰動物的畫面後，心裡非常痛苦，也決定不再吃肉。這樣的覺照是很直接的，絕不只是一個念頭。年輕人既未使用暴力，也未讓痛苦控制他的決定，他以愛、慈悲與智慧採取這項行動，成功地說服全家人停止吃肉，並讓慈悲在他們的內心滋長。他這種放影片的行為是非常有技巧，又充滿愛的。因此，當你採取有技巧的行動時，就能獲得很大的勝利。

你可能有某些深刻而有智慧的見解，因而滿懷慈悲，內心生起一股想要改善現狀的動力。但單靠你一人的力量，所能做的非常有限。如果別人沒有這見解，你就應該試著讓它變成共識。但是絕不能把你的想法強加在別人身上，即使你能暫時強行灌輸給別人，所灌輸的只是一個想法，不是真正成熟的見解，因為真正的見解不只是一個想法。所以，要能真實地與別人分享見解，你應該製造一些情境，讓其他人能經由親身體驗獲得與你相同的見解，而不只是相信你所說的，這需要技巧與練習。

要能真實地與別人分享見解，你應該製造一些情境，讓其他人能經由親身體驗獲得與你相同的見解。

讓愛重現

在梅村，我們有個大約二十二歲的年輕師姊，她讓一對發誓不再見面的母女和好如初。在短短的三小時中，她解決她們之間的衝突，並讓她們在最後練習了「擁抱禪」（hugging meditation）。她們輕輕地擁抱彼此，念念分明地呼吸幾次。她們練習：「吸氣，我覺知到我正活著；呼氣，我覺知到所愛的人也還活著，她就在我的臂彎裡。」她們練習念念分明地感受因對方的存在，自己是多麼幸福。她們完全地活在當下，將自己投入彼此的擁抱中。這樣的擁抱有很大的療效，透過這樣的練習，她們了解自己如此深愛對方，過去她們並不知道這點，從不知如何有技巧地表達自己與傾聽對方。

即使內心充滿憤怒與恨意，不表示你的愛與接納的能力已經消失，如果你是個有修行的禪修者或和平使者，就可以幫助自己與其他人重現心中的愛與了解。請勿認為自己心中已沒有愛，這不是真的，愛永遠都在你心中，就如同陽光一樣，即使現在正下著雨，陽光總是在烏雲上方不遠之處，如果到雲層頂端，就會看到陽光普照。所以，如果相信心中已沒有愛，只能去憎恨他人，那你就錯了，等到那人去世，你就會哭著希望他能

即使內心充滿憤怒與恨意，不表示你的愛與接納的能力已經消失，如果你是個有修行的禪修者或和平使者，就可以幫助自己與其他人重現心中的愛與了解。

回來。這表示愛還在那裡，所以你應該在那人還活著時，給愛一個重生的機會。要讓愛重現，你必須懂得如何控制憤怒，因它總是伴隨困惑與無知而來。

超越你對別人的評斷

假設你是個五歲小女孩的老師，當媽媽到學校來接她時，你發現這母親非常急躁，讓小女孩受了很多苦。這時你可以做什麼？有很多事可以做。因為你是小孩的老師，她會聽你的話，你可以幫助她了解自己的母親；或給她一些機會，讓她說出與母親相處上的困難，即使她只有五歲；你也可以扮演一個好母親，告訴她你們可以一起幫助她的母親，教她在母親生氣或使用暴力時，如何反應才不會讓情況變得更糟。幫助小女孩非常重要，當她內心有了轉變，她對母親也會產生正面的影響。

身為小女孩的老師，你也有機會接觸她的母親。如果你有慈悲心與正見，就能幫助她的母親，否則只會評斷母親是錯的，女兒是對的。你只會譴責她虐待孩子的行為，反對她對孩子所施加的暴力，但這只是表達你的不贊同，對事情毫無助益。你必須採取正面的行動，為了這受虐的女孩與她的父母，必須以你的慈悲心與正見

禪修是為所有的人而修。我們彼此依賴，我們的孩子是否擁有一個美好的未來，取決於我們。

採取行動，如果不能幫助她的父母，你也無法幫助她。或許你會把孩子當作唯一的受害者、唯一需要幫助的人，但是如果你真想幫助她，一定得幫助被你視為敵人的父母，否則你也無從幫助。想想看，她的父母是那樣無知、充滿暴力與憤怒，孩子當然會受苦，所以你必須同情她的父母，看到他們痛苦的根源。為了好好照顧我們的兒童，所有的教育人員都應了解到這點，並幫助我們去照顧那些父母。

為我們的國家服務

法國政府一直非常有遠見地致力照顧有暴力傾向的年輕人，他們知道年輕人的暴力與痛苦來自社會。為了採取正確的行動，我們必須像醫生一樣地傾聽，小心地傾聽這社會的運作方式，看看為何年輕人會變得如此暴力、易怒。如此一來就會發現，其實他們憤怒與暴力的根源來自於家庭與父母的日常生活方式，同時也會發現家庭的暴力根源，可追溯到社會的組成方式與人們的消費行為。

政府也是人民，因為政府是由父母、兒女兒所組成。這些父母、兒女也都帶著家庭的暴力根源，所以如果法國總理不練習深入地觀照，不看看內心的憤怒、暴

幫助我們的國家和總統的方法，就是要清除自己心中的貪欲和暴力傾向，並致力於改造社會。

力、沮喪與痛苦，便不可能了解年輕人的暴力、憤怒與絕望，他也必須了解內閣、青輔會會長、教育部部長所受的痛苦。身為這個國家的公民、政府官員，我們都必須開始行動，但是行動應該立基於什麼呢？應該立基於真正的了解。

如果我們已經盡心地練習觀照社會憤怒與暴力的根源，就會對年輕人充滿同情。我們會發現拘禁或懲罰他們，根本無濟於事，這正是前法國總理喬斯班（Jospin）所說的，他與幕僚真是有智慧，而身為公民的我們，也要幫助政府深化這樣的想法。不論我們身為教育家、父母、藝術家或作家都要修行，這樣才能有足夠的智慧幫助政府。

即使你是在野人士也要如此練習，當你幫助執政黨時，就是在幫助國家，畢竟你要幫助的是國家而非政黨，如果現在總理有機會改善年輕人的現況，你能為國家做的就是貢獻你的意見與協助。這不表示你背叛人民或政黨，因為你的政黨之所以存在，是為了服務國家，而非要為其他政黨或當局製造難題。所以，身為政治家的你必須修習「不二」，必須看到慈悲心應凌駕於政黨的利害關係之上。你要的不是結黨營私的政治，而是有智慧的政治，一種具有人文思想的政治，目標在創造社會的和樂與轉化，而不光是獲取權力。

不論我們身為教育家、父母、藝術家或作家都要修行，這樣才能有足夠的智慧幫助政府。

第八章
愛生氣的習氣

從前有位名叫大衛的年輕人，他英俊又聰明，出生於富豪之家，具備所有足以成功的條件。但是他不喜歡自己的生活，覺得一點都不快樂，與父母、兄弟姊妹間有許多問題，完全不知如何與他們溝通。他總是以自我為中心，把自己的不幸責怪到父母或兄姊身上，而痛苦不堪。他會受苦，不是因為別人討厭他或想懲罰他，而是他不知如何愛人、了解別人。通常他只能與人做幾天的朋友，他們很快就會離他而去，因為他實在很難與人好好相處。他非常自大，又以自我為中心，也不懂得了解與同情別人。

有天他到城裡的佛寺去，不是去聽佛法，佛法說什麼他根本不在乎，只是要去交朋友。他希望能找到一些新朋友，他實在太需要友情了，到目前為止，沒有人願意做他的朋友。雖然他富有又英俊，很多人都想認識他，但是相處不久後就開始遠離他。

沒有朋友就如同下十八層地獄，即使根本無法維持好的人際關係，他心中仍然渴望有個朋友、伴侶，所以，那天早上他決定到佛寺去試試看。當他來到佛寺前，剛好有群人擦身而過，其中有位非常美麗的年輕女子，女子的身影深深地吸引他的目光，心中迸出愛的火花。這時他已經完全失去到佛寺的興趣，轉身想要跟在

我們總是不能活在當下，我們習慣於將「好好地活」推向遙遠的、不可知的未來。如果現在這一刻不能好好地活，那麼我們可能終其一生都不曾好好地活過。

他們後面，但不幸地，另外一群人突然擠上來讓他動彈不得，當他好不容易擠出人群時，那群人與美麗女子早已不見蹤影。

他花了一個小時到處尋找那位女子，但無功而返，最後只好帶著心中美麗的倩影回家。那晚他徹夜難眠，隔天也是如此。到了第三天晚上，他夢見一個白髮老人對他說：「如果你想見到那個女孩，就到東邊的市場去試試看。」他突然從夢中驚醒，此時天還未亮，但再也無法入眠。他跳下床，準備天一亮就去尋找。

到市場時，只見三三兩兩的人，他就先到書店隨便逛逛。當他抬頭往上看時，突然在牆上看到一個美麗女子的畫像，正是他在佛寺前看到的女子，一樣美麗的雙眼、可人的鼻子、迷人的雙唇。或許這就是在夢裡老人所說可在市場裡見到她，但其實只能見到她的畫像。他心想：「也許我只能得到她的畫像，沒有福氣得到她的人。」結果他什麼書也沒買，就以所有的錢買下這幅畫。回去之後，立刻將它掛在宿舍裡。

大衛是個非常孤單的人，沒有任何朋友，他經常不到學校的餐廳吃飯，只在房間裡吃泡麵，現在你已經猜到大衛是個亞洲人吧！他買到畫的那天，泡了兩碗麵，準備兩雙筷子，準備把另一碗麵給畫裡的女子吃。他吃

「安住於當下吧」，當我坐在這兒時，不想其他任何地方，不想過去，不想未來。我坐在這兒，而且我知道我在哪兒，這是非常重要的。

著自己的麵，偶爾抬頭看畫，請畫裡的女子與他一起吃麵。

我們知道有些不善與人溝通的人，通常會養貓或狗來陪伴，買最貴的貓食、狗食給牠們吃，如此就可以將滿腔的愛與關懷給寵物。對他們而言，愛貓或狗要比愛人容易得多，因為牠們從來不跟人吵架，說難聽的話時也不會頂嘴。大衛就是這樣的人，他可以很平靜地去愛畫裡的女子，但是如果她真的在那裡，他可能同樣無法愛她超過二十四小時。

有天他怎麼也吃不下麵，覺得生命毫無意義。他看著牆上的畫心想：「活著到底有什麼用？」畫裡的女子突然對他眨眼、微笑，他呆住了，以為自己在做夢，揉揉雙眼，再看那幅畫，女子仍一動也不動地站在畫裡。他非常驚訝，眼睛一直盯著畫看，突然女子從畫裡走了出來，活生生地站在他面前，她的名字叫安琪莉娜，她來自天堂。你無法想像大衛此時有多興奮，他好像到了天堂，能有如此漂亮的女子做朋友，還有什麼比這更完美的事呢？

但是，你可能已經猜到故事接下來會如何發展了。他始終無法快樂地與人相處，即使與天真、善良的安琪莉娜在一起也是如此。三、四個月之後，她離開了他，

人就好像一台很多頻道的電視機，我們轉到佛的頻道，我們就是佛；轉到痛苦的頻道，我們就是痛苦；轉到微笑的頻道，我們就是微笑。

因為要與大衛這樣的人相處根本就不可能。某天早上，
當大衛醒來時，在桌上發現一張安琪莉娜留下來的紙
條，她決定不再回來了。她寫著：「大衛！要與你一起
生活真的是件不可能的事。你太自私了，無法傾聽任何
人說話，雖然你聰明、英俊且富有，但是你根本不知如
何與他人維持關係。」讀了信後，大衛很想自殺，覺得
如果連這樣甜美的女子也無法與他一起生活，那他真的
是毫無價值可言了，他想上吊自殺。

　　根據統計，在法國每年有一萬兩千人自殺，平均每
天就有三十三個人自殺。這個數字實在是太高了！大衛
正是其中之一，正等著你去解救。在美國與歐洲其他國
家的自殺比率也差不多如此，人們被自己的絕望打敗，
變得與人難以溝通，生命毫無意義。

點一柱心香

　　當大衛正在結繩準備自殺時，突然想起安琪莉娜有
天曾微笑地對他說：「大衛！如果有天我不在了，而你
非常想念我，就點一柱香吧！」這是安琪莉娜好不容易
說服大衛到寺裡聽法時告訴他的。那天，師父正在解釋
如何讓點香成為溝通方式，當點香時，你正與佛陀、菩

禪修就是對正在發
生和進行的事情保
持覺照──我們體
內的、感覺上的，
心中的、世界上
的，所發生的形形
色色的事情。

薩、祖先說話，如果能與祖先溝通，也就懂得如何與身邊的兄弟姊妹溝通。因此，那天師父的開示，就是關於如何藉著點香來進行溝通。他說我們所點的香，應該是心中的一柱心香、正念的香、專注的香、智慧與洞察的香。當師父開示時，大衛坐在安琪莉娜身邊，但他並未專心聽，不過所聽到的已足以讓他記得主要大意。當離開佛寺時，安琪莉娜對他說：「大衛！如果有天你想與我連絡，就點一柱香吧！」

　　一想起這件事，他立刻丟下手裡的繩子，跑到附近的店裡買一把香，但他不知如何點香。在梅村，我們一次只點一柱香，大衛卻點了整把香，短短幾分鐘房間就煙霧瀰漫了。他等了十五分鐘、半小時、一小時，安琪莉娜還是未出現。他又想起師父說過的另一句話：「要能達到真正的溝通，點的香必須是你的心香，也就是正念的香、專注的香、洞察的香。」沒有正念，點香也沒有用。

　　大衛開始慢慢地坐下來，認真而深入地思考自己的情況，他發現自己與父母、兄弟姊妹、朋友與社會間的關係都是失敗的，甚至連與安琪莉娜的關係也是如此，自己總是把痛苦怪罪在別人身上。這是他第一次如此專注，且獲得一些新的想法，也是第一次如此安靜地坐下

行禪是真正地在享受行走，不是為了到達某個目標，而只是為了行走本身。目的是活在當下，享受你邁出的每一步。

來，看到自己對父母的不公平，而了解到無法與父母溝通，有一半原因在於自己。過去他責怪每個人，卻從來不知原來自己也有責任，即使與安琪莉娜這樣甜美的人在一起，他也失敗了。

他生平第一次流下眼淚，突然為自己對待父母、兄弟姊妹與朋友的方式感到非常抱歉。他想起自己曾在深夜酩酊大醉地回家，毆打、虐待安琪莉娜，他把整件事從頭到尾想過一遍。突然之間，一滴慈悲的露水滴進內心，滋潤他痛苦、煎熬的心靈。他開始嚎啕大哭，愈哭心就愈感到清明。他的心開始轉化，漸漸明白安琪莉娜過去想告訴他的事，她想教導他如何依五戒而生活，如何諦聽與使用愛語。他開始感受到一股想要改變的動力，他告訴自己，如果有天安琪莉娜回來，他一定要變成一個脫胎換骨的人，他心想：「我一定會懂得如何照顧她，如何使她快樂。」這時有人敲他的房門，安琪莉娜回來了。雖然大衛修持正念不到一小時，但那次他內心有非常深沈的轉化。

大衛與安琪莉娜就在我們身邊

不要認為大衛只是個故事裡的角色或歷史人物。不

如果你很清楚正在發生什麼，那麼當問題出現時你就能夠看得很清楚，並且有助於防止問題進一步地產生。

是，大衛是個真實的人，他就坐在我們當中，安琪莉娜
也是。記得大衛是個聰明又英俊的人嗎？但是他有很重
的習氣，喜歡把自己的不幸怪罪給別人，不知如何與父
母、兄弟姊妹或朋友溝通，而使他們非常痛苦，即使他
並非故意要讓他們不快樂。但是習氣如此強烈，使他無
法停止繼續犯錯。他非常孤單，而且認為自己是世上唯
一如此孤單的人，他渴望別人的了解，有個可以陪在他
身邊的人。這是人的天性，每個人都有這樣的渴望，需
要一個真正了解、幫助我們面對生命難關的人。

　　所以，要了解大衛並不難，你一定能了解他內心的
渴望與困境。在生命的某一天，安琪莉娜走進他的生
命，有時我們也會有這樣的好運，一個非常好的人走入
我們的生命。這時如果我們懂得如何照顧那個人，生命
就會變得很有意義，但是如果不知如何照顧自己與習
氣，就不可能照顧我們的安琪莉娜。因此，我們會對她
生氣，無法善待她，最後她會離開我們，因為我們所做
的一切已讓她受太多苦了。

把安琪莉娜留在我們的生命裡

　　當安琪莉娜從畫中走出來成為真實的人時，她給大

撫摸樹，你和樹都
感到巨大的快樂。
樹是優美的、結實
的、令人神清氣爽
的。你想擁抱一棵
樹，它永不會拒
絕。

衛一個迷人的微笑。看著碗裡的麵對大衛說：「你怎麼可以吃這樣的垃圾食物？等一下。」然後她消失了。不多久再出現時，手上提著一籃蔬菜。過了一會兒，她就爲大衛準備了一碗非常好吃的麵，與他之前所吃的泡麵完全不同。

　　安琪莉娜很聰明，知道如何使你快樂，但是你不懂得感激，也不知如何了解別人，所以無法留住你的安琪莉娜，最後她只好離開。也許你就是安琪莉娜，因爲你的大衛難以相處而離開了他，即使你用盡全力幫助他，但是要與他一起生活實在太難，他始終未察覺你就是他的安琪莉娜，習氣推使著他，繼續以毒害身心的生活方式過活。也許他每天晚上都到酒吧喝得爛醉，不論你如何懇求就是無法停止，每天醉醺醺地回家，甚至還毆打你。他根本不知如何聽你說話，不論你如何努力表現體貼與耐心，他總是打斷你的話，不讓你說完。他從來都無法好好地聽你說話，雖然你很有耐心，但是你也有極限，知道根本不可能與他好好溝通，最後只好放棄。

你的安琪莉娜現在在哪裡？

　　誰是大衛？誰是安琪莉娜？我要你自己來回答這問

我們缺乏寧靜的心境：我們的身體在這兒，可心卻在別處——迷失在過去或未來中，被煩惱、沮喪、希望以及夢想所佔據。

題。你是大衛嗎？如果你是大衛，那麼現在你的安琪莉娜在哪裡？她與你在一起嗎？還是已經離開？你對她做了什麼？你如何對待她？有沒有好好地照顧她呢？你是否能讓她快樂呢？我們必須如此問自己：「現在我的安琪莉娜在哪裡？她到底在哪裡？我對她做了什麼？」這些是很重要的問題，可以幫助我們深入地觀照自己。

這就是禪修，真正的禪修。你的伴侶可能是大衛或安琪莉娜，安琪莉娜可能是男的或女的，大衛也是如此。當安琪莉娜走入你的生命，起先你非常高興可以與她在一起，並珍惜她的出現，覺得與她在一起生命再度變得可能。但是你無法維持這樣的覺照，忘記安琪莉娜是生命中的禮物，讓她受好多苦而必須離開你。她曾經請你一起修持五戒，但是由於強烈的習氣，你從來都不肯接受；她懇求你適度地消費，不要抽煙、喝酒；她請你一起使用愛語、諦聽別人，試著結交善友，不要與灌溉內心負面種子的人在一起。但是習氣讓你仍然維持原樣，最後她不得不離你而去。

你的安琪莉娜也可能是你的兒女，他（她）已經來到你的生命之中，但你是如何對待他（她）的呢？你可以用和諧與愛的方式與他們相處嗎？還是你不知如何與你的安琪莉娜相處呢？或許她已經離家出走了。在故事

我們不必祝福朋友「願寧靜與你同在」——寧靜已與他們同在，我們只要幫助他們培養起能時時刻刻覺知寧靜的習慣就夠了。

中，大衛差點就在安琪莉娜離開後自殺，但是他想起那場以點香作溝通的開示，突然之間，絕望變成希望，他相信如果能點上正念與專注的香，安琪莉娜就會回到身邊。他因此有機會坐下來，好好地想一想，反省他過去的生活。

開始重新來過

在日常生活中，我們總是不斷地向前追逐，沒有能力與機會停下來好好地看看自己的生活。但是，為了真正地了解自己的生活，我們一定要回頭看，並且深入地觀照。在前面的故事裡，大衛在房裡坐了四十五分鐘，反省自己的生活而獲得許多啓發，然後他哭了。這是他有史以來第一次如此哭泣，他覺察到自己的習氣，以及為周圍的人、父母、朋友、兄弟姊妹與自己所帶來的傷害。

即使每天練習打坐，我們是否曾經有過相同的啓發呢？在打坐時，必須觀照你的安琪莉娜已經走進生命，你與她之間的關係到底如何惡化？你如何對待她？又如何讓她受苦？她最後為何會離開？當如此重新觀照你們之間的關係時，你就在練習深入的禪定。而最後所獲得

為了真正地了解自己的生活，我們一定要回頭看，並且深入地觀照。

的啟發將會告訴你什麼該做，什麼不該做，你一定也能點一柱心香，讓你的安琪莉娜回來。安琪莉娜永遠都在那裡等你，對你的愛始終都在她的心裡，她已準備好原諒你，只要你知道如何點一柱心香——一根修持五戒、專注與洞察的香。

你可能是個幸運兒，不只有一位安琪莉娜曾走進你的生命，伴侶、兒女或父母都可能是你的安琪莉娜。你唯一要練習的，就是以他們的名字來呼喚你的安琪莉娜，並感謝他們願意成為你的安琪莉娜。不要說安琪莉娜從未走入你的生命，這絕對不可能！試著念念分明地坐下來，輕輕地呼喚他（她）的名字。「對不起，我的安琪莉娜！你已經走入我的生命，我卻不懂得珍惜，使你受苦，也使我自己受苦。我不是故意的，我是如此笨拙，不知如何以正念的修行來保護自己與你。我一定要重新來過。」如果你真的如此練習，安琪莉娜就會回到你的身邊。

保護我的安琪莉娜

如果我們的心不平靜，聽任希望或怒火在其中作主，就無法接受那些試圖投影於心湖的事物的本來面目。

我也是大衛，我的生命中有很多安琪莉娜。在我的禪房裡，有大約一百張不同安琪莉娜的照片，他們都是

我在法國與美國禪修中心的學生。在開始打坐之前，我總是先看看他們，向他們鞠躬，然後坐下來，發願以一種不讓我的安琪莉娜離開的方式生活。我發願要練習以正念說話、修習五戒，並永不背離我的安琪莉娜們。如此一來，不但能避免讓我的安琪莉娜們受苦，而且還能帶給他們快樂，這讓我非常快樂。

如果你的安琪莉娜已離開你，你會做什麼讓她回到你的生命裡呢？或許她還在你身邊，但是她就要離開你了。無論是哪種情況，練習保護你的安琪莉娜都是很有意義的，它可以幫助你留住她或把她找回來。請不要讓自己迷失在抽象的概念裡，心靈的教導是活的，能幫助你保護你的安琪莉娜。真正的智慧與慈悲來自於接觸真實的苦痛，這樣的佛法是適切而有效的，能對不同的情況對症下藥。現在，就請用所有的時間與精力來反省，然後以這些問題問自己：「現在我的安琪莉娜在哪裡？我如何對待她？如果她已經離開，我應該做些什麼好讓她願意回來呢？」

真正的智慧與慈悲來自於接觸真實的苦痛，這樣的佛法是適切而有效的，能對不同的情況對症下藥。

第九章
以正念擁抱憤怒

憤怒的「結」

　　我們的意識中存在許多痛苦、憤怒與挫折的障礙物，稱爲「負面心行」或「結」，它們捆綁我們，阻擋了心靈的自由。

　　當有人侮辱我們，或對我們不利時，意識就會開始產生負面心行。這時，如果你不知如何解開並適時轉化，它便會在心裡停留許久。等下次又有人對你說出同樣的話，或做出同樣的事，負面心行就會愈來愈強大。只要內心存有痛苦的「結」與障礙，負面心行就有驅使我們的力量，能控制我們的行爲。

　　慢慢地，一段時間後，就很難轉化與解開這些結，也無法改變已經固化的心行，梵文稱之爲 samyojana（「結」）¹，意思是「固定成形」（crystallize）。因此，我們必須照顧負面心行，藉由禪修解開心結，使內心獲得轉化與治療。

　　不是所有的心行都會令人痛苦，但即使是快樂的心行也同樣使我們受苦。當你嚐到、聽到或看到某些令人愉快的事物時，那愉悅的感覺會轉化成堅固的內在心結，而當這事物消失時，你就會想念並開始尋覓，用許多時間與精力想重新找回那感覺。如果曾抽過大麻或喝

我們必須照顧負面心行，藉由禪修解開心結，使內心獲得轉化與治療。

酒，便會開始慢慢喜歡那種恍惚的感覺，它就變成身心內的一個心行，你無法忘懷且總是想要獲得更多。這心行的力量會一直驅使、控制你，終將奪走我們內心的自由。

愛上一個人也是種強大的內在心行，一旦陷入愛情中，腦海裡想的就只有這個人，再也不得自由。你什麼事都無法做，無法讀書、工作、欣賞夕陽或大自然的美景，只想著所愛的人。所以，我們將愛上別人當作一場「意外」，或稱為「墜入愛河」。這場意外會使你陷進去，內心不再感到平靜。因此，愛情也是一種心行。

愉快或不愉快的心行都能剝奪我們的自由，我們要小心地守護身心，不要讓它們在內心生根。毒品、酒精、煙草都會在身體形成一種心行；憤怒、渴望、嫉妒與絕望也會在內心製造負面的心行。

發洩只是訓練你的攻擊性

憤怒是種負面的心行，它使我們受苦，所以得盡力去除它。心理學家喜歡這種說法：「把它從你的身上趕出去。」他們說這是「發洩憤怒」，就好比讓煙霧瀰漫的屋子能通風一樣。有些心理學家會告訴我們，當憤怒生

愉快或不愉快的心行都能剝奪我們的自由，所以我們要小心地守護身心。

起時，就去打枕頭、踢東西，或到森林裡大聲呼喊，好好地發洩一下。

記得小時候被禁止說一些髒話嗎？父母不讓你說，因爲它會傷害別人，並影響你的人際關係。因此，你必須到樹林或某個偏僻的角落，清楚而大聲地把這些話說出來，如此才能發洩內心壓抑的感覺，這也是一種發洩憤怒的方式。

以打枕頭或呼喊來發洩憤怒的人，其實只是不斷地重複與強化憤怒。當他們以打枕頭來發洩時，其實正在培養很危險的習慣，培養一種攻擊性。相反地，當憤怒生起時，我們應該以正念的能量來擁抱它。

溫柔地對待憤怒

正念並非用來打擊憤怒與絕望的，而是要覺知憤怒與絕望的存在。所謂對某件事保持正念，是去覺知當下此事正在發生。正念是一種能覺知當下所發生的每件事的能力，當你心想：「吸氣，我知道憤怒正從心中生起；呼氣，我要對憤怒微笑。」這並不是壓抑或打擊的行爲，而是覺照的行爲。一旦我們能覺知自己的憤怒，就可以用正念與柔情擁抱它。

正念並非用來打擊憤怒與絕望的，而是要覺知憤怒與絕望的存在。

　　當房間十分寒冷時，我們會打開暖爐讓暖氣送出。這時冷空氣無須離開，房間就能暖和。冷空氣其實是被暖氣所擁抱了，它開始慢慢地變暖，兩者之間並無衝突。

　　我們也要以這種方式練習照顧憤怒。當正念覺知憤怒時，是覺知它的存在，接受並允許它存在。正念就如大哥，他不會壓抑弟弟所受的苦，只會對弟弟說：「小弟！我在這裡陪你。」他會把弟弟擁入懷中安慰，而這就是我們要做的修行。

　　想像一位母親對哭泣的孩子生氣並毆打，她忘了自己與孩子其實是一體的。我們就是憤怒的母親，必須幫助自己的孩子——憤怒，而不是打擊或摧毀它。在佛教裡，禪修不是去打壓、爭執，而是要練習擁抱與轉化。

善用憤怒，善用痛苦

　　我們要在心中種下覺悟的樹，必須好好利用不幸與痛苦，就如同蓮花不能種植於大理石上，沒有泥土，美麗的蓮花便無法生長。

　　真正練習禪修的人，不會歧視或排斥內心的負面心行，也不會把自己變成戰場或想打擊邪惡的魔鬼，而會

真正練習禪修的人，不會歧視或排斥內心的負面心行，也不會把自己變成戰場。

很溫柔地對待苦惱、憤怒與嫉妒。當憤怒生起時，應該立刻開始練習念念分明地呼吸，對自己說：「吸氣，我知道憤怒就在心裡；呼氣，我正在好好地照顧它。」我們要像母親一樣，心裡想著：「吸氣，我知道孩子正在哭泣；呼氣，我會好好地照顧孩子。」這就是慈悲心的修持。

如果你不知如何慈悲地對待自己，又如何能慈悲地對待別人呢？當憤怒生起時，持續地練習念念分明地呼吸、走路，以聚集正念的能量，同時，也繼續擁抱內心憤怒的能量。即使過一段時間氣仍未消，但你已經安全了，佛陀就在心裡幫助你照顧憤怒。正念的能量就是佛陀的能量，當練習念念分明地呼吸與擁抱憤怒時，你就在佛陀的護翼之下，毋庸置疑地，他正以慈悲擁抱你與你的憤怒。

給予並接納正念的能量

正念的能量就是佛陀的能量，當練習念念分明地呼吸與擁抱憤怒時，你就在佛陀的護翼之下。

當你生氣時會覺得沮喪，所以要開始念念分明地呼吸、走路，慢慢地聚集正念的能量，它能讓你覺知並擁抱痛苦的感覺。如果發現正念的力量不夠穩固，就請師兄、師姊在身邊陪你一起呼吸、走路，以他的正念之力

支持你。

　　修持正念，並不表示必須獨自完成所有的事，你可以靠朋友的支持來修行，他們能爲你聚集足夠的正念，以照顧強烈的情緒。

　　當他人有困難時，我們也可以用自己的正念支持他們。當孩子正被情緒淹沒時，可以握著他（她）的手說：「親愛的，深呼吸！跟著媽媽（爸爸）一起吸氣、呼氣。」我們也可以邀請孩子一起練習行禪，輕輕地牽她的手，一步步地幫助她冷靜下來。當你把正念的能量傳給孩子時，她就可以很快地冷靜下來並擁抱自己的情緒。

覺察、擁抱、釋放憤怒之苦

　　正念的第一個作用是覺察而非攻擊。試著對自己說：「吸氣，我知道憤怒正在心中浮現。你好，我的小憤怒！」然後吐氣說：「我會好好地照顧你。」

　　一旦覺察到自己的憤怒，就要去擁抱它，這是正念的第二個作用，它是令人非常愉悅的修行。我們不但不打擊情緒，還要細心地照顧它們，如果你知道如何擁抱憤怒，事情就會開始有轉機。

正念的第一個作用是覺察而非攻擊。一旦覺察到自己的憤怒，就要去擁抱它。

這就好像煮馬鈴薯，當蓋上鍋蓋，等水煮開了，還得讓它在爐子煮上至少二十分鐘，馬鈴薯才會熟。憤怒就是一種馬鈴薯，而你不能生吃馬鈴薯，對嗎？

正念就像烹煮憤怒馬鈴薯的爐火，剛開始的幾分鐘，它會溫柔地覺察與擁抱憤怒，效果開始慢慢出現，你的心會稍微獲得解脫。雖然這時你還在生氣，但已經不再那麼痛苦了，你已知道如何照顧孩子。所以，正念的第三個作用是撫慰與釋放，雖然憤怒還未離開，但是它已獲得照顧，情況已不像哭泣的孩子被忽略時那樣糟糕。母親正在照顧孩子，情況已獲得控制。

保持正念

到底誰是那個母親呢？她就是活在你心中的佛陀。這股能讓人保持正念，能了解、愛與關懷的力量，就是我們心中的佛陀。每次聚集正念時，心中的佛陀就又變得真實，有了心中的佛陀，就沒有什麼可擔心的了。只要你知道如何保持心中的佛陀，一切就沒事了。

我們都需要練習念念分明地呼吸與走路，才能接觸心中的佛陀。

能認知「佛陀在心中」是非常重要的，無論如何憤怒、無情、絕望，佛陀永遠都在我們心中。這表示我們隨時都有能力保持正念、了解與愛別人。

　　我們都需要練習念念分明地呼吸與走路，才能接觸心中的佛陀。當接觸到意識中那顆正念的種子，佛陀就會在心識中出現並擁抱憤怒。你無須擔心，只要繼續練習呼吸與走路，讓心中的佛活著就好，一切就會沒事的。心中的佛會覺察、擁抱、釋放你的憤怒，也會深入地觀照你憤怒的本質，並了然於心，而這了解將會為你帶來轉變。

　　正念的能量還包含專注與洞察的能量。專注力可幫助你把全部的心思放在一件事上，當你專注時，觀照的能量就會變得很強，可以讓你突破原先的想法，這就是洞察。能洞察事物，心靈就能解放而重獲自由。如果你有正念，又知道如何保持，專注力自然就會生起；若能繼續維持專注，對事物的洞察力就會產生。所以，正念會覺察、擁抱與釋放，幫助我們深入地觀照，以獲得新的洞見。洞察力是解脫的要素，能讓心靈獲得自由，並產生深層的轉化，這就是佛教徒練習照顧憤怒的方法。

意識中的「地下室」與「客廳」

　　我們可將意識比喻成一座房子，把它分成兩部分，地下室就如藏識（潛意識），客廳就如心識（意識）。憤

能洞察事物，心靈就能解放而重獲自由。

怒等負面心行會以種子的形式留在潛意識——地下室裡，直到你聽見、看見、閱讀或思考某件事，正巧碰觸到憤怒的種子，它就會浮現在心識——客廳。這時憤怒就變成一個能量區，瀰漫在客廳的空氣中，帶來沈重而令人不悅的感覺。所以當憤怒的能量生起時，我們就會感到痛苦。

一旦憤怒浮現，修行者就會立刻藉著念念分明地呼吸與走路，讓正念的能量浮現，如此另外一個能量區——正念的能量區就產生了。所以，平時練習如何念念分明地走路與呼吸、打掃與工作，是非常重要的。如此一來，每次負面的能量生起時，就知道如何聚集正念的能量來擁抱與照顧它。

心靈也需要良好的循環

每個人的身體裡都有一些毒素，當血液停止循環時，就會累積在身體的某個部位。為了身體健康，器官必須將它們排出。按摩可以刺激血液循環，只要循環良好，就能滋養腎、肝與肺，而能排出毒素。因此，好的血液循環對我們非常重要。多喝水與練習深呼吸，也能將毒素由皮膚、肺臟、尿液與排泄物中排出。所有幫助

我們不必四處奔波尋覓真理，只需靜止下來，事物自己就會在心湖的靜水中展現。

排毒的方法，都非常重要。

假設現在我身體的某部位很痛，那是由於裡面累積太多毒素。每次當我碰觸它，就覺得非常疼痛，這就有如去碰觸一個心結，而正念的能量與修持，就如在按摩內在的心行。你的內心可能有許多折磨、痛苦、悲傷與絕望，這些都是意識中的毒素，你必須修持正念，才能擁抱與轉化它們。

我們的意識也可能循環不良，當你以正念的能量擁抱痛苦與悲傷時，就是在按摩意識而非身體。當血液循環不良時，器官便無法正常運作而生病。同樣地，當心靈循環不良時，心也會生病，正念的能量，正可以幫助我們刺激與加強流經痛苦部位的循環系統。

是什麼佔據我們的「客廳」？

我們內心的障礙——痛苦、悲傷、憤怒與絕望，總會想浮上來佔據意識，進入客廳。因為它們已經長大且需要關注，但即使它們想出來，我們也會因正視它們而感到痛苦，不願它們得逞。所以，我們試著阻擋它們的去路，希望它們繼續在地下室沈睡，而習慣請其他客人來佔據客廳，只因不想面對它們。一旦我們有十幾、二

我們必須練習專注地呼吸，以便當困難的時刻來臨，強烈的情緒控制了我們時，知道如何應付。

十分鐘的空閒，這些負面的心結就會湧上心頭，把客廳弄得凌亂不堪。為了逃避這種情況，我們會讀書、看電視或開車兜風，藉某件事佔據客廳，以免令人不悅的負面心行浮現。

所有的心行都需要良好的循環，但是我們不願感覺痛苦，而想深鎖它們，深恐它們一浮現，就會受盡苦楚。所以平常就習慣讓其他客人佔據客廳，譬如電視、書籍、雜誌與聊天等，以避免負面心行的出現。當持續下去時，心靈就會循環不良，心理疾病與焦慮的症狀，便一一在身心上產生。

有時我們頭痛，即使服用阿斯匹靈也無法消除，這可能就是一種心理疾病的症狀。有時我們認為對某種東西過敏是種生理現象，但事實上，過敏也可能是心理疾病的症狀，這時醫生會建議吃藥，我們因而繼續壓抑負面的心行，而讓病情惡化。

讓最討厭的「客人」賓至如歸

正念的修持十分重要，可以聚集一股強大的力量來覺察、擁抱並照顧負面的能量。

一旦解除阻擋痛苦浮現的禁令，你很自然地會受點苦，這是無法避免的，所以佛陀說必須學習擁抱痛苦。因此，修持正念十分重要，你能聚集一股強大的力量來

覺察、擁抱並照顧負面的能量，佛陀就以正念的能量活在心中，你可以請他幫助你擁抱這些心結。如果它們不想浮現，你就把它們誘哄出來，等好好地擁抱一段時間後，它們就會回到地下室，再度變回心的種子。

佛陀曾說過，每個人內心都有顆恐懼的種子，但大多數人只會壓抑並將它鎖在陰暗的角落裡。為了幫助我們覺察、擁抱並深入觀照它，他教導以下五句偈語：

一、我終究會老去，無法避免衰老。

二、我終究會生病，無法避免疾病。

三、我終究會離開人世，無法避免死亡。

四、所有我珍愛的事物與所愛的人，也終究會改變，有天我自然要與他們分離。我什麼都留不住，我空手而來，將空手而去。

五、我真正擁有的只有所做的一切，我無法避免自己所種下的果。我所做的一切，就是我的依歸。

我們必須每天如此練習，跟著呼吸花幾分鐘深思其中的涵意，只要練習這五句偈語，恐懼的種子就會得到良好的循環。我們一定要把這顆種子請上來，才能覺察、擁抱它，等它們再回到地下室時，就會變得更小了。

我真正擁有的只有所做的一切，我無法避免自己所種下的果。我所做的一切，就是我的依歸。

當如此眞誠地邀請恐懼的種子上來時，我們也準備好要照顧憤怒。恐懼賦予憤怒生命，當恐懼時，心完全無法平靜，恐懼成了滋養憤怒的土壤。憤怒根基於無知——缺乏眞正的了解，是造成憤怒的另一個主因。

如果你將負面的心行沈浸在正念之中，痛苦就會逐漸減輕，憤怒也變得不再危險。因此，每天給憤怒、絕望、恐懼泡個「正念浴」吧！這就是修行。如果心中沒有正念，當負面的種子浮現時，便會坐立難安。但只要了解如何聚集正念的能量，每天邀請它們上來，並擁抱它們，就能深具療效。你每天都如此邀請負面心行上來，再幫助它們回去，在幾天或幾星期後，心靈的良好循環就會重新運作，心理病症也會隨之消失。

正念的工作就是替負面心行與痛苦按摩，你必須讓負面心行流動，但唯有先消除對它們的恐懼，才有可能做到。如果你學會不害怕痛苦的心結，就能進一步地學會如何以正念擁抱、轉化它們。

憤怒根基於無知
——缺乏真正的了
解，是造成憤怒的
另一個主因。

注釋：

① 「結」（samyojana）即指煩惱，「結」為繫縛之義，蓋煩惱繫縛眾生於迷境，令不出離生死之苦。

第十章
念念分明地呼吸

以呼吸照顧憤怒

　　當憤怒、嫉妒與絕望的能量生起時，我們應懂得如何處理它，否則就會被這些情緒淹沒，而受到極大的痛苦。念念分明地呼吸，就是一種可以幫助我們照顧情緒的修行方式。

　　爲了能好好地照顧情緒，必須先學會如何照顧身體，我們可以先從感覺呼吸開始，慢慢地感覺身體。「吸氣，我感覺整個身體；呼氣，我感覺整個身體。」慢慢地將心帶回身體，以念念分明地呼吸中所聚集的正念能量擁抱身體。

　　平時我們可能因忙於生活瑣事，而忘了身體的重要性。但此時，身體可能飽受病痛折磨，自己卻渾然不知。因此，我們必須懂得如何回到身體，以正念擁抱它，就如慈母擁孩子入懷一般，回到自己的身體，以正念溫柔地擁抱它，先將全身當作一個整體，好好地擁抱它，然後再分別擁抱眼、鼻、肺、心、胃、腎等器官。

深度放鬆以擁抱、治療憤怒

念念分明地呼吸，就是一種可以幫助我們照顧情緒的修行方式。

　　最佳的練習姿勢就是躺下來，把注意力放在身體的

某個部位，例如心臟。吸氣時，開始感覺心臟；呼氣時，就對它微笑，把愛與溫柔傳遞給心臟。

正念的能量就如一道光束，能使人清楚地看到身體的每個器官。雖然現代的醫療儀器也可掃描看到全身的器官，但是掃描儀器的光束是X光，與正念所發出的愛的光束完全不同。

我們稱這種以正念光束掃描身體的修行為「深度放鬆」（Deep Relaxation）（參見附錄四），這是練習念念分明地呼吸的另一種方法，你可以對自己說：「吸氣，讓整個身體放鬆下來；呼氣，讓整個身體平靜下來。」當身體非常焦慮、緊繃時，只要以正念的能量擁抱，它立刻就能放鬆而再度平靜下來。一旦身體的功能可以開始自然地運作，它就獲得治療了，心也會隨之放鬆，而獲得治療。

從這樣的教導中，我們明白呼吸是身體的一部分。當我們對某件事感到恐懼、憤怒時，呼吸就會變得淺而急促，品質也不佳。一旦你明瞭如何開始練習念念分明地吸氣、呼氣，逐漸放緩呼吸，只消幾分鐘，就能大大地改善呼吸的品質。這時呼吸會變得比較輕、平靜且調和，心也會開始平靜下來。

呼吸就如禪坐是門藝術，你必須靈巧地掌握吸氣、

正念的能量就如一道光束，能使人清楚地看到身體的每個器官。

呼氣，身心才能調和。如果以暴力的方式控制呼吸，就無法為身體與意識帶來片刻寧靜。但只要呼吸變得平靜而深沈，就可以繼續以此方式擁抱身體其他部位。

你躺下來時，開始練習念念分明地呼吸，慢慢地聚集正念的能量。從頭部開始，以正念的愛的光束逐一掃描全身，直到腳底。你可能需要花半小時來做這件事，而這正是向身體表達關懷、愛與專注的最佳方式。

我們每天練習念念分明地呼吸至少一次，你可以安排固定的時間練習，譬如在睡前，可以全家一起舒服地躺在地上，全身放鬆二、三十分鐘，關掉電視，請全家人一起來練習。剛開始練習時，你可以用錄音帶來帶領，之後，可由其中一人負責帶領大家練習，幫助每個人慢慢靜下來，好好地照顧身體。

穿越情緒的風暴

呼吸就如禪坐是門藝術，你必須靈巧地掌握吸氣、呼氣，身心才能調和。

有些很簡單的方法可用來照顧強烈的情緒，其中之一是「腹式呼吸」——以下腹部呼吸。當我們被強烈的害怕或憤怒等情緒困擾時，對治的方法就是將注意力集中在下腹部，如果此時你仍不停地思考，是非常危險的。情緒就如一場暴風雨，而你正站在暴風圈中央，是

何等危險啊！但大多數人都習以為常，停留在煩惱上讓情緒淹沒。我們無須如此，而要將注意力往下放，才能根除痛苦。要專注在腹部，練習念念分明地呼吸，可以或坐或躺著練習，將全部的注意力放在呼吸的起伏上。

當你看著暴風雨中的大樹，就會發現樹梢是最不穩固且脆弱的，細小的樹枝隨時都可能被巨大的狂風摧折。但若往下看粗壯的樹幹，就會看到完全不同的景象——樹依然屹立不搖，能抵擋暴風雨。我們就如一棵樹，頭部正經歷一場情緒的風暴，所以要將注意力往下置於丹田，開始練習念念分明地呼吸，完全專注在呼吸與腹部的起伏上。這樣的練習非常重要，可幫助我們發現，雖然情緒如此強烈，它只不過駐足一會兒便離去了，並不會永遠停留。如果每逢艱難的時刻，都能以這樣的方式訓練自己，便能安然度過這些風暴。

你必須覺知情緒只是情緒，它來了，停留一會兒便走了。為何要為這樣的情緒而結束生命呢？除了情緒外，生命裡還有其他值得珍惜的事物。請牢記這點，當你面臨危機時，保持覺醒的心繼續練習呼吸，情緒一定會離開。等你成功地做過幾次之後，就會對自己與這樣的修行方式更具信心。讓我們停止把自己困在無明的念頭與感覺中吧！讓我們將注意力轉移到下腹部與呼吸上

當我們被強烈的害怕或憤怒等情緒困擾時，對治的方法就是將注意力集中在下腹部。

吧！不用害怕，風暴終將過去。

覺知與擁抱負面心行

　　為了讓身體獲得平靜，我們以正念擁抱它。同樣地，這方法也可以應用在照顧心行上。「吸氣，我清楚覺知心行；呼氣，我清楚覺知心行。」在佛教心理學中，共有五十一種心行，其中負面的有憤怒、渴望與嫉妒等心行，而正面的有正念與平靜等心行。

　　當經驗到快樂與慈悲等正面的心行時，我們應該以深呼吸好好地覺察。當以念念分明地呼吸擁抱快樂與慈悲時，它們就會乘上十倍、二十倍。因此，念念分明地呼吸，可以讓它們在心裡停留久一點，且更深刻地體會它們。所以，只要以正面的心行——喜悅、快樂、慈悲生起時，好好地擁抱它們，是非常重要的，它們正是幫助我們成長的心靈資糧。佛教說「禪悅為食」，當喜悅的感覺從禪修、正念中生起時，就會不斷地滋養與支持我們。

　　同樣地，當負面的心行——憤怒、嫉妒生起時，我們也應該回到自己，溫柔地擁抱它，以念念分明地呼吸使它平靜下來，就如母親撫慰正在發燒的孩子。所以，

當喜悅的感覺從禪修、正念中生起時，它就會不斷地滋養與支持我們。

對自己說：「吸氣，我正在讓負面心行冷靜下來；呼
氣，我正在讓負面心行冷靜下來。」

憤怒的種子，慈悲的種子

　　我們常將意識比喻為泥土，各種心行的種子就埋藏
在藏識（潛意識）中，它們會發芽，然後浮現到心識
（意識層）中，停留一段時間後，又以種子的形式回到潛
意識。

　　慈悲心也以種子的形式停留在潛意識，每次只要我
們碰觸或灌溉其中一顆種子，它就會湧現到心識──最
上層的意識中。如果快樂或慈悲的正面種子，獲得灌溉
而萌芽，就會讓我們感到無比喜悅；但如果灌溉的是嫉
妒等負面種子，就會使我們感到非常痛苦。當快樂與憤
怒好好地埋藏在土裡，而無人碰觸時，稱為「種子」，但
當它們浮現到心識上，就稱為「心行」。我們都應能辨認
出憤怒有兩種形式，一是埋藏在潛意識裡的種子，二是
浮現到意識層活躍能量區的心行。所以，我們必須知
道，即使憤怒還未浮現，它永遠都在。

　　每個人的深層意識中，都潛藏著一顆憤怒的種子。
當它還未浮現時，你完全都不覺得生氣，也不會對任何

每個人的深層意識
中，都潛藏著一顆
憤怒的種子。

人感到不滿。你覺得好極了，整個人神清氣爽，容光煥發，還可以與人談笑風生。但這並不表示憤怒不在你心裡，它可能未在心識中顯現，但還在潛意識裡，一旦有人對你說了什麼話或做了什麼事，不小心碰觸到心中那顆憤怒的種子，它立刻就會出現在你的客廳裡。

所謂好的修行人，不是指心中沒有憤怒、痛苦的人，因為這完全不可能，而是懂得如何在憤怒、痛苦生起時，立刻照顧它們的人。相反地，一個沒有修持，不知如何處理憤怒的人，當憤怒的能量生起時，很容易就會被這情緒所淹沒。

如果我們學習過正念的生活，就不會被憤怒淹沒，因為你會邀請正念的種子來照顧它。而且，念念分明地呼吸與走路，可以幫助你達成這個目標。

以正念的呼吸覺知習氣

所謂好的修行人，不是指心中沒有憤怒、痛苦的人，而是懂得如何在憤怒、痛苦生起時，立刻照顧它們的人。

每個人都有習氣，如果總照著習氣做事或說話，就會傷害自己與他人的關係，但即使我們有如此的認知，還是不免隨著感覺而以憤怒行事。因此，很多人都在與人相處中，製造許多痛苦，總要等到傷害已經造成，才悔不當初，發誓不再重蹈覆轍。你真誠懺悔，滿懷善

意，但當相同的情況再度發生時，又會不禁做出同樣的事或說出同樣的話。因此，你只是一次又一次地帶給別人相同的傷害。

這時，聰明才智與滿腹經綸都無法幫助你改變習氣；只有透過覺知、擁抱與轉化的修持，才能真正地幫助你。所以，佛陀告誡我們，當習氣出現時，要練習念念分明地呼吸，去覺知並好好地照顧它。如果能以正念的能量擁抱習氣，你便安全了，不再犯下同樣的錯誤。

有位美國朋友曾與我們在梅村度過三星期快樂的時光。在這段期間，他表現得非常沈穩、慈悲，又善解人意。有天，師父們請他為僧團採買感恩節的用品。當採買時，他突然發現自己竟是這般匆忙，急著想買完東西，好趕回梅村去。

這是他三個星期以來，第一次有匆促、想要趕緊完成事情的感覺。在梅村裡，他身邊都是沈穩、有修持的朋友，所帶給他的都是正面的能量，因此，那種匆忙、給自己製造壓力的習氣，完全沒有機會浮現。等到他獨自進城採買，沒有正面能量的支持時，心中習氣的種子便立刻生起。

他立刻覺知自己的習氣，且領悟是從母親傳襲而來。以前母親總催促他們趕快把事情做完。透過如此的

聰明才智與滿腹經綸都無法幫助你改變習氣；只有透過覺知、擁抱與轉化的修持，才能真正地幫助你。

洞察，他開始練習念念分明地呼吸，並說：「嗨！媽媽，我知道你在那裡。」這念頭一生起，匆忙的能量立刻便消失了。他覺知自己的習氣，念念分明地擁抱它，並成功地轉化它。他又重新獲得離開僧團前所體驗的平靜與沈穩。他明白能如此成功轉化習氣，完全是由於在梅村三星期的修行。

　　每個人都有能力這麼做，無論習氣何時生起，我們要做的只是去認知它，並輕輕地呼喚它的名字。我們念念分明地呼吸，對它說：「嗨！我的嫉妒；嗨！我的恐懼；嗨！我的焦躁與憤怒。我知道你們在那裡，我會在這兒幫助你們，我會好好地照顧你們，並且以正念擁抱你們。」吸氣，向習氣問好；呼氣，對它微笑。只要能如此照顧它，它就不再能控制我們，我們就安全且獲得解脫了。

第十一章
重建淨土

快樂第一

在生活中，我們經常需要做決定。有時這決定非常困難，使我們不得不面臨痛苦的選擇。但是，如果我們很清楚什麼對我們最重要，什麼才是生命中最深切的渴望，這決定的過程就會變得比較容易，內心也不會受到太多的煎熬。

譬如你很想出家，但這不是個簡單的決定，如果不是百分之百地確定自己想要這麼做，就千萬不要貿然行動，必須比百分之百還要確定，才是真的想要如此做。當你覺得想要修行的感覺已勝過一切，那麼其他事物就變得不重要了，就會變得比較容易抉擇。

我在越南曾寫了三本佛教史的書，獲得廣大的迴響，我還想寫本很重要的書，是這系列的第四集，內容有關一九六四年至當代的越南佛教史。這是個令人興奮又有趣的工作，因為這段時期正是我生長的年代，我手邊有很多第一手資料，如果我不把它寫出來，可能再也沒有人經歷過與我相同的時代，或有如此直接的經驗來撰寫，若由別人撰寫就會與史實有所出入。而且，我相信它可以幫助許多人了解更多佛教的發展與修行方法。

我有歷史學家的一面，而我非常喜歡扮演這角色。

我們慢慢地走，但不要太慢，以免別人認為我們不正常。這是種看不見的修行方法，我們可以在不妨礙別人的前提下，充分地體會自己的天性，享受自己的寧靜。

我喜歡發現真相，把新的事物帶給別人，並指引年輕一代一條新的道路，我希望他們可以從前人所犯的錯誤與成功中學習到許多事。我真的很想撰寫這本書，但現在還無法動筆，因為有其他更要緊的事要做，譬如要幫助身邊的人、坐在眼前的人與周圍的人化解痛苦。即使我知道這本書非常重要，也已掌握所有需要的資料，但我無法成為學者或歷史學家，因為這需要一年的時間才能完成。換句話說，如果我真的開始撰寫，就得停止所有的禪修活動、講經說法與心理諮商，但這些都是非常重要的事。

　　每個人都有很多事要做，所以必須決定什麼是最重要的。要獲得大學學位得花上六年，甚至八年，這是段漫長的時間，你可能相信它對你將來的幸福非常重要。也許是吧！但或許還有別的事對你的幸福更加重要。譬如努力改善與父母或伴侶之間的關係，你是否有時間去做呢？你是否願意花時間做好它呢？改善與所愛的人之間的關係，對你也非常重要。如果你願意花六年時間拿到一個學位，那是否有智慧花相同時間改善與別人的關係呢？或用這段時間來面對自己的憤怒呢？這麼長的一段時間，不僅能帶給你與所愛人幸福、穩定的關係，還能重建你們之間的溝通之門。

我們會微笑，而遍宇宙間的無數菩薩也會向我們報以微笑，因為我們的寧靜是如此地深邃。

寫一本關於你自己的書

　　最近，有位美國大學教授來梅村拜訪我。他很急切
地想寫本關於湯瑪斯・莫頓（Thomas Merton）[1]與我的
書，他想與我談談這件事。但我立刻回答他：「你爲何
不寫本關於你自己的書呢？爲何不把所有時間放在能讓
自己與身邊的人感到快樂的事上呢？這比寫本關於湯瑪
斯・莫頓與我的書還要重要。現在已經有很多關於湯瑪
斯・莫頓的書了。」這時我的朋友既熱情又滿懷善意地
說：「可是還沒有人寫本關於你的書啊！」我回答他：
「我不在乎是否有本關於我的書，但是我非常在乎你是否
能寫本關於你的書。用你的心去把這本書寫出來吧！把
自己轉化成佛法、修行的法器，如此一來，你就能成爲
自由、快樂的人，並能幫助身邊的人快樂起來。」

　　對我而言，最重要的事就是建立我與學生之間的良
好關係，我必須讓其他人也懂得修行並轉化自己，這是
件有成就感又令人愉悅的事。每次當有人能成功地轉化
自己的痛苦，並重建與他人的關係時，我就覺得是個了
不起的成就，這不只是他個人的成就，也是整個團體與
我們自己修行的成就，鼓舞著我們每個人。前面我們曾
提到梅村有位法師在很短的時間內，成功地幫助一對母

把自己轉化成佛
法、修行的法器，
如此一來，你就能
成為自由、快樂的
人，並能幫助身邊
的人快樂起來。

女重新言好，她那次的經驗眞是個了不起的成就，大大
地增強了她與我們對修行的信心。

如果你與某人之間有些問題，覺得她只想讓你受
苦，且沒有任何方法可幫助她，那你就還未眞正地開始
實踐佛法的教導。如果你覺得完全無法與她對話，那是
因爲你修行的經驗不足，其實你是可以做到的。很多人
會問：「如果那個人根本不想與你合作，聽你說話呢？」
如果那人現在眞的不想聽你說話、與你交談，或與你一
起解決問題，那麼你就要繼續修行轉化自己，耐心地等
待和解的機會到來。

如果你能寫本關於自己的書，書寫的過程將能幫助
你深入地觀照自己痛苦的根源，並找到轉化的方法，也
將讓你成爲自由、快樂的人，同時爲身邊的人帶來幸福
快樂。

慈悲的甘露

在與別人和解之前，應該先以慈悲的甘露滋養自
己，慈悲來自於了解，了解對方也正在受苦。我們常會
忘記這件事，只看到自己的痛苦，且放大它，心裡不停
地想：「沒有人像我如此痛苦，我是唯一受這麼多苦的

在與別人和解之
前，應該先以慈悲
的甘露滋養自己，
慈悲來自於了解，
了解對方也正在受
苦。

人。」但是如果有個團體在背後支持你，你就可以深入地觀照，而會發現原來對方也深受痛苦。

你生氣的對象可能未獲得足夠的支持，一直無法走上可提昇自己的修行之路，而身為朋友的你，也未嘗試幫助他，其實你連自己都無法幫助。但佛法的教導與僧團的存在就是為了以慈悲的甘露來滋養我們，去請求佛法與僧團的幫助，佛法在當下就能切實地為我們帶來改變。

離開妄念的囚牢

你不該讓自己像部機器，只是機械式地修行，而要運用智慧。如此一來，你的每個步伐、每次呼吸，才能覺得愈來愈好，每當你念念分明地用餐、喝茶，也會覺得愈來愈好。去感受周遭美好的事物與生命的美妙，打開心讓所有美好的事物與能提昇你的能量進入，慢慢地滋養內心，這就是你首先要做的事。

你不該讓自己像部機械，只是機械式地修行，而要運用智慧。如此一來，你的每個步伐、每次呼吸，才能覺得愈來愈好。

我們那些紛亂的念頭無法滋養內心，事實上它們時常成為修行的障礙或囚牢，必須離開它們，才能真正地接觸到生命的本質，了解生命的美好。向身邊懂得快樂與愛的朋友學習，你身邊一定有這樣的人，他們從未與

人發生摩擦，能包容所有的人，同時也非常知足。我們
應該培養這種快樂的能力，爲何同住在一樣的環境，享
受相同的幸福，別人可以如此快樂，我們卻無法快樂
呢？到底是什麼阻擋了我們的快樂？

一封很關鍵的信

　　如果你已經受過愛語與諦聽的訓練，就可與對方直
接溝通以解決彼此的衝突。但是如果你還未確定有足夠
的平靜、沈穩與慈悲，能維持心中的清新、愛與寧靜，
就可以試著寫信。寫信是個很重要的練習，因爲即使你
有很好的動機，但是修行不夠紮實，還是有可能因別人
而惱羞成怒，無法作出好的回應，而破壞大好的機會。
所以，寫信是比較安全又簡單的溝通方式。

　　寫信時，你可以坦誠面對對方，告訴她（他）曾做
了什麼讓你痛苦、傷心，寫下你所有的感覺。這時要練
習保持冷靜，以比較溫和的語言，用愛與善意把心中的
話寫下來。試著以對話的方式書寫，你可以這麼寫：
「親愛的！或許我只是自己錯誤認知的受害者，我在此所
寫的可能未反應出事實的眞相。但這是我眞實的**體驗**，
也是內心眞正的感受，如果我所寫的有任何錯誤，就讓

了解意味著明瞭對
方心中的黑暗絕
望、煩惱痛苦以及
它們的程度。如果
你不了解這一點，
你爲她做的愈多，
她可能愈痛苦。

我們一起坐下來，好好地把整件事看清楚，一起釐清我
們之間的誤會吧！」

　　在佛教的傳統中，當法師要傳法給請法者時，他們
總是以團體的角度出發，我並不是說這角度一定完美，
但這是他們能採取的最好方式。聞法者會從法師的開示
中聽到這樣的話：「當我們如此教導時，我們明白可能
有些事自己不完全了解，在你身上也許還有些正面積極
的特質，我們還未看見，僧團也可能還有些錯誤的知
見。」當你寫信給對方時，也該如此寫：「如果你認為
我的看法錯誤，請糾正我。」用愛語寫下這封信。如果
其中有句話寫得不太好，可試著換較婉轉的句子。

　　在這封信中，必須讓對方感受到我們真的了解他的
痛苦：「親愛的！我知道你已經吃了很多苦，也知道你
不該為所有的痛苦負責。」由於你已練習深入地觀照，
也發現造成對方痛苦的根源與起因，現在就能與他分享
心得。你也可以告訴他你所受的痛苦，並讓他知道你已
明白為何過去他會有那樣的言行。

　　花一、兩星期，甚至三星期把信寫完，這是封很重
要的信，比我寫第四集的越南佛教史，或寫關於一行禪
師與湯姆斯‧莫頓的書都來得重要。它攸關你的幸福，
花在它的時間比花一、兩年寫完博士論文還要重要，論

我們傾聽是為了減
輕或消除傾訴者的
痛苦，而不是為了
評判她或同她爭
論。

文絕對沒有比它重要，它是能讓你突破障礙，與對方重建溝通的最好方法。

當寫這封信時，你並不孤單，師兄、師姊們會像陽光般溫暖你，幫助你完成，你需要的支持就在身邊與團體中。如果完成一本書，一般都會先請朋友與專家提供寶貴的意見，同樣地，同修的朋友都是專家，他們都修習了諦聽、深入觀照與愛語。

對所愛的人而言，你就是最好的醫生、諮商師，所以要先把信拿給別人看，讓朋友看看你的語氣是否溫柔、冷靜，對事情的觀照是否深刻。之後，你可以再拿給另一個人看，直到你覺得這封信真的能讓所愛的人內心獲得轉化與治療。

你願意放多少時間、精力與愛在這封信上呢？有誰能拒絕幫助你去做如此重要的事？你寫信的對象是個你如此在乎的人，能重建與他之間的溝通，對你實在太重要了。這人可能是你的父親、母親、女兒或伴侶，他或許現在就坐在你身邊。

重建淨土

記得當你剛與人開始交往時，他曾向你承諾要好好

當我們能平和、愉快地走路時，我們就是在為全人類的和平和幸福作著貢獻。

地愛你、照顧你,可是他現在卻與你如此疏遠,不再看著你或牽你的手,也不再與你同行,你因而非常痛苦。記得剛開始談戀愛時,你宛如置身天堂,他是那麼愛你,讓你非常快樂,但是現在他好像不再愛你,且棄你於不顧。他甚至可能期待另一個人出現,好開始另一段感情。你的天堂變成地獄,怎麼也走不出來。

這地獄到底是從哪裡來的呢?是否真的有個人把你推到地獄裡,讓你留在那裡呢?可能這地獄其實是由你的心、念頭、錯誤的認知所創造。因此,只有你的心可以讓它消失,使自己重獲自由。

正念的修行是覺察、擁抱憤怒的修行,就是要打開你心中那扇地獄的門,並轉化它,以拯救自己與其他陷在其中的人,讓你們重回淨土、天堂,這絕對是可能的,而你就是那個要先採取行動的人。當然,其他修行的朋友也會以所學的智慧、正念與愛的力量幫助你。

如果成功地重建你與別人的關係,你們都會變得很快樂,這就是件很大的功德。每個人都會為你的成功而歡喜,也會對修行的道路更有信心。藉由別人的支持,你一定能轉化心中的地獄,重建內心的淨土,重享生活中的寧靜與和平,你立刻就能如此做,現在就開始寫信。你會發現只要一支筆、一張紙即可修行,即能轉化

正念的修行是覺察、擁抱憤怒的修行,就是要打開你心中那扇地獄的門,並轉化它,以拯救自己與其他陷在其中的人,重回淨土、天堂。

你們之間的關係。

花一整天的時間來寫這封信

當你坐著、練習行禪、工作、打掃、做飯時，不要去想這封信的內容。其實，你所做的每件事都與這封信息息相關。

當眞正坐下來寫信時，只是把你的感覺寫在紙上，這並不是信眞正誕生的時刻，它其實是在你澆花、練習行禪、爲身邊的人做飯時誕生的。所有的修行都能使你的心變得更沈穩、祥和，你所聚集的正念與專注力，將能幫助心中的智慧與慈悲的種子萌芽。如果你的信是以一整天聚集的正念所寫下，那麼一定是封非常好的信。

完美地活在每個當下

大約十五年前，當我在美國時，有位美國佛教學者來訪。她對我說：「親愛的上師！你寫的詩如此美麗。但是你卻花了那麼多時間種菜、做雜事，你爲何不多花一點時間來寫詩呢？」她大概是在哪裡讀到我很喜歡種菜、照顧小黃瓜與萵苣，她非常理性地看待這件事，所

所有的修行都能使你的心變得更沈穩、祥和，你所聚集的正念與專注力，將能幫助心中的智慧與慈悲的種子萌芽。

以建議我不要浪費時間在菜園裡，反而該好好利用時間寫詩。

我這樣回答她：「我的朋友！如果我不種菜，就寫不出那樣的詩了。」我說的是真的。如果你不能專注地、充滿正念地生活，未活在每個當下就無法寫作，無法寫出對其他人有價值的東西。

詩就如你獻給別人的一朵花，或慈愛的眼神、微笑，或充滿善意的舉動，都是一朵開在正念與專注樹上的花，即使你在做飯時未想著它，它已在無形中寫就。如果要寫個故事、一本小說或一齣戲，我可能要花幾星期才能完成，但這故事或小說早就已在那裡了。同樣地，雖然你還未想到要給所愛的人寫些什麼，這封信已在你深層的意識中完成了。

你不可能只是坐著就想寫出好小說，還必須做其他事，如喝茶、吃早飯、洗衣服、澆花。你花在這些事上的每分每秒都非常重要，要好好地做，讓自己全心投入在做飯、澆菜、洗碗上，真正地享受所做的每件事，且深深地喜歡去做，這對你要寫的故事、信或其他東西都很重要。

我們把自己交付給樹木、飛鳥和可愛的孩子，讓它們來淨化我們。否則，就只能淹沒在煩惱中難以自拔了。

開悟、洗碗與種菜不能分開，學習每一刻都以正念與專注的心生活，這就是我們的修行。每件藝術品的創

作都來自於生活中念念分明的時刻，你真正開始作曲或
寫詩的時間只是開始生產，你心中必須已懷有這個孩
子，才能生下他。如果這孩子不在你心裡，即使坐在桌
前好幾個小時，還是什麼都生不出也寫不出來。你對事
物的洞察、慈悲心與能寫出動人作品的才華，都是綻放
在你修行樹上的花朵。因此，我們應該好好地利用生活
中的每一刻，好讓這樣的洞察與慈悲能開出美麗的花
朵。

轉化的禮物

　　懷孕的母親只要一想到肚裡的孩子就非常高興，孩
子雖然還未出世，他已經讓媽媽非常快樂了。她無時無
刻不感覺孩子的存在，所做的一切都完全出自對孩子的
愛，包括進食，她知道若沒有愛孩子就不會健康，所以
始終很謹慎。她知道如果做錯什麼，譬如抽很多煙、喝
很多酒，就會對孩子造成不良的影響。所以她總是念念
分明地以愛心而生活。

　　修行人也要像母親一樣地生活，我們知道自己真的
很想為人類、世界貢獻什麼。每個人的內心其實都帶著
一個孩子、一個小活佛，這小活佛就是我們可以獻給世

開悟、洗碗與種菜
不能分開，學習每
一刻都以正念與專
注的心生活，這就
是我們的修行。

界的美好禮物，我們必須以正念去生活，才能好好地照顧心中的小活佛。

　　事實上，是心中佛的能量讓我們可以寫下愛的書信，能與他人重修舊好。一封愛的信應該是以洞察、了解與慈悲所寫，否則它就不是封愛的信。真愛的信可以轉化別人，也能為世界帶來改變，但是在這封信於別人心中發酵之前，必須先能在你心中產生改變，你可能要花一生的時間來寫這封愛的書信。

注釋：
①湯瑪斯‧莫頓（1915—1968）為美籍神父，是天主教特拉普教派苦修士，致力於基督教重新聯合、禮拜儀式改革、和平運動、種族共睦。人稱 Father Louis，逝世於泰國曼谷。

〔附錄一〕

和平公約

　　來到梅村的夫妻、家庭或朋友們，常常會在典禮中，簽下這紙條約，讓大家見證他們的誓言。不過，請記得，你可以依照自己喜歡的方式更改條約的內容。這紙條約的最後一部分，是給佛教徒參考的，你可以依照自己的信仰來更改它的內容。

和平公約

　　為了讓我們可以長久快樂地相聚在一起，繼續不斷地延展、深化愛與了解，我們在此發願遵守與修習以下幾個事項：

一、生氣的人，同意做到以下幾件事情：

（一）避免任何可能造成進一步傷害或憤怒的言語與行為。

（二）不壓抑憤怒。

（三）練習念念分明地呼吸，回到自己，好好照顧憤怒。

（四）在二十四小時之內，用說話或寫和平紙條的方式，把我的憤怒與痛苦，冷靜地告訴那個讓我生氣的人。

（五）我要用說話或寫信的方式，與對方在這個星期內約定一個時間，可能是星期五，一起將整件事討論清楚。

（六）我絕不說：「我一點都不生氣。沒有關係！我一點都不覺得痛苦，沒什麼好生氣的。」

（七）當我坐著、走路、躺著、工作或開車時，我要深入地觀照自己的生活，如此，才能清楚地看到以下幾件事：

1. 有時候我真的很不成熟。
2. 我因為自己的習氣而傷害他人。
3. 原來心中那顆憤怒的種子，才是我憤怒的主因。
4. 原來他人只是次要的原因。
5. 原來他也只不過是想從自己的痛苦中解脫。
6. 只要他繼續受苦，我也不可能真正擁有快樂。

（八）一旦我覺察到自己原來是如此不成熟，且缺乏正念，就會立刻向對方道歉，不會等到星期五晚上才告訴他。

（九）如果我覺得自己還無法冷靜地面對對方，我會先將星期五的約會延期。

二、使對方生氣的人，同意做到以下幾件事：

（一）尊重對方的感覺，不去譏笑他，給他足夠的時間冷靜下

來。

（二）不要求對方立刻坐下來討論整件事。

（三）用口頭或寫紙條的方式，與對方確認約定的時間，並且向他保證，我一定會到場。

（四）如果我覺得可以道歉，就會立刻這麼做，不會等到星期五晚上。

（五）練習念念分明地呼吸，深入地觀照自己，去了解：

由於心中憤怒的種子與累世帶來的習氣，我讓他人感到不快樂。我誤以為讓對方痛苦，可以減輕自己的痛苦，但事實上我使他如此痛苦，也帶給自己更多痛苦。

當我認知到自己的不成熟與缺乏正念時，會立刻向對方道歉，不會為自己的錯誤辯駁，也不會等到星期五才做這件事。

我們在此發願，在佛陀與僧伽的見證下，誠心地遵守並實踐這些誓約。祈請三寶的護念與加持，帶給我們光明與信心。

簽署人：＿＿＿＿＿＿＿　＿＿＿＿＿＿＿

年　　月　　日　　於

〔附錄二〕

正念五學處

正念第一學處：尊重生命

由於體認到殘害生命所帶來的煩惱與痛苦，我發願長養慈悲心，並且學習各種方法來保護人類、動物、礦物與植物。在生活中，我絕不起殺生的念頭，也絕不殺生，不讓別人殺生，更不附和世界上任何殺生的行為。

正念第二學處：慷慨布施

由於體認到剝削、偷盜、壓迫與社會的不公正所帶來的種種痛苦，我發願長養慈悲心，學習各種可能的方式，以謀求人類、動物、植物與礦物的福祉。

我發願修行布施法門，將時間、精力與財產奉獻給需要我的眾生。

我下定決心絕不偷盜，絕不佔有應該屬於別人的東西。

我尊重別人的財產，不過，也將阻止任何為了個人私利，而將

痛苦建築在別人身上，或加諸於地球上其他物種的自私行為。

正念第三學處：負責任的性行為

　　由於體認到不正當的性行為所帶來的煩惱與痛苦，我發願培養責任心，學習各種方法來保護個人、配偶、家人、社會的安全與尊嚴。

　　我下定決心永不從事任何非出於愛與承諾的性行為，為了自己與他人的幸福，我決心要尊重自己所許下的承諾，並且尊重別人的承諾。

　　我會盡自己最大的努力，保護孩童免於性侵害，並且防止配偶與家庭因不當的性行為而破裂。

正念第四學處：諦聽與愛語

　　由於體認到煩惱與痛苦往往來自於缺乏正念的言談，以及未能傾聽別人的心聲，所以我發願要學習愛語與諦聽，並希望能因而帶給別人歡喜，解除他們心靈的痛苦。

　　我知道言語可以帶來快樂，也能製造痛苦，所以發願要學習如何誠實地說話，並希望我所說的話，可以激發別人的信心、喜悅與希望。

我絕不散播不確定的消息，也不譴責不確定的事。為了避免可能造成的分歧與紛爭，或家庭、團體的破裂，我會重新調整自己的言語。

我會盡力調和與化解所有大大小小的紛爭。

正念第五學處：正念的消費

我充分體認到，缺乏正念的消費行為與飲食習慣，會帶給我們許多煩惱與痛苦。所以我發願，為了保持身心健康，也為了自己、家人與社會，我要練習念念分明地飲食與消費。

我發願只吸收那些有助於身心祥和、幸福與快樂的事物。同時，這些事物也能造福我的家人與社會。

我下定決心絕不喝酒，也不接觸任何有毒的事物，例如不健康的電視節目、雜誌、書籍、影片與對話等等。我知道當這些物質傷害到身心時，我也愧對祖先、父母、社會與未來的下一代。

為了自己與社會，我會努力養成適當的飲食習慣，去轉化心中與社會所潛藏的暴力、恐懼與困惑，因為我已經明白適當的飲食習慣，對自己與社會的轉化有多麼重要。

〔附錄三〕

禪修指南：練習深入觀照與釋放憤怒

你可能會發現，這個禪修指南對幫助你轉化憤怒非常有效。你可以在心中靜靜地跟著這份指南來做，引導自己禪修，或請另一個人幫忙，把它唸出來，然後跟著他所說的一步步地做。

「吸氣，我知道我在吸氣；吐氣，我知道我在吐氣。」我們從這句話慢慢地開始，然後接著說：「吸氣，吐氣」。記得，每次開始坐禪時，都應該先花幾分鐘，以念念分明的呼吸讓心靜下來。當說「吸氣」時，就吸一口氣；說「吐氣」時，就吐一口氣。靜靜地重複這兩句話，伴隨著呼吸，這樣你才能真正地體驗到禪修的精髓。記得不要只是機械式地重複這兩句話，你應該深入地體會與感受它們。每次當你要開始練習禪修時，就先如此呼吸八到十次，而且在每次吸氣、吐氣時，都能念念分明地說出這兩句話。

深入地觀照你的憤怒

1. 我觀想一個正在生氣的人，吸氣。　　　＊生氣的人
   我看到他內心的痛苦，吐氣。　　　　　＊在受苦

2. 我觀想憤怒帶給自己與他人的傷害   ＊憤怒傷害自己與他人
，吸氣。

我看到憤怒燃燒、毀滅了我們的幸   ＊憤怒摧毀了幸福
福，吐氣。

3. 我看到身上那顆憤怒的種子，吸氣。   ＊憤怒的根就在我身上

我看到憤怒的根就埋藏在意識裡，   ＊憤怒的根在意識層裡
吐氣。

4. 我看到憤怒的根就在錯誤的認知與   ＊憤怒的根就在錯誤的
無知裡，吸氣。   認知與無知裡

我對自己錯誤的認知與無知微笑，   ＊微笑
吐氣。

5. 我看到生氣的那個人正在受苦，吸   ＊生氣的人在受苦
氣。

我對那個生氣而受苦的人生起慈悲，   ＊生起慈悲心
吐氣。

6. 我看到那個生氣的人痛苦的處境與   ＊生氣的人很不快樂
不快樂，吸氣。

　我了解他不快樂的起因，吐氣。   ＊了解不快樂的起因

7. 我看到自己怒火中燒，吸氣。   ＊被怒火焚燒

我因自己被怒火焚燒而生起慈悲，   ＊對自己慈悲
吐氣。

8. 我知道憤怒讓自己面目可憎，吸氣。　　＊生氣讓我面目可憎
　　我知道是我讓自己如此面目可憎，　　＊我讓自己變得面目
　　吐氣。　　　　　　　　　　　　　　　　可憎

9. 我看到自己生氣時，就像是間失火　　＊我是間失火的房子
　　的房子，吸氣。
　　我要照顧憤怒，我回到自己，吐氣。　　＊我要好好照顧自己

10. 我觀想自己去幫助那生氣的人，　　＊幫助生氣的人
　　吸氣。
　　我看到自己能幫助那生氣的人，　　＊有能力這麼做
　　吐氣。

釋放你的憤怒，與父母和好

1. 我觀想自己回到五歲時，吸氣。 ＊五歲的自己
   我對這五歲的孩子微笑，吐氣。 ＊微笑

2. 我看到這五歲的孩子是那麼脆弱， ＊脆弱的五歲孩子
   吸氣。
   我充滿愛意地對這孩子微笑，吐氣。 ＊充滿愛意地微笑

3. 我觀想父親變成一個五歲的孩子， ＊我五歲的父親
   吸氣。
   我對五歲的父親微笑，吐氣。 ＊微笑

4. 我看到五歲的父親是如此脆弱， ＊脆弱的父親
   吸氣。
   我充滿愛意地對他微笑，我諒解 ＊充滿愛意地微笑與
   他，吐氣。 　諒解

5. 我觀想母親變成一個五歲的孩子， ＊我五歲的母親
   吸氣。
   我對五歲的母親微笑，吐氣。 ＊微笑

6. 我看到五歲的母親是如此脆弱， ＊脆弱的母親
   吸氣。
   我充滿愛意地對她微笑，並諒解 ＊充滿愛意地微笑與
   她，吐氣。 　諒解

7. 我看到父親像孩子般在受苦，吸氣。　　＊父親，像孩子般在
　　　　　　　　　　　　　　　　　　　　　　受苦

　　我看到母親像孩子般在受苦，吐氣。　　＊母親，像孩子般在
　　　　　　　　　　　　　　　　　　　　　　受苦

8. 我在心中看到父親，吸氣。　　　　　　＊父親就在我心中
　　我對心中的父親微笑，吐氣。　　　　　＊微笑

9. 我在心中看到母親，吸氣。　　　　　　＊母親就在我心中
　　我對心中的母親微笑，吐氣。　　　　　＊微笑

10. 我了解心中父親所面臨的困境，　　　　＊我心中父親的困境
　　吸氣。
　　我決心要努力釋放父親與自己，　　　　＊釋放父親與自己
　　吐氣。

11. 我了解心中母親所面臨的困境，　　　　＊我心中母親的困境
　　吸氣。
　　我決心要努力釋放母親與自己，　　　　＊釋放母親與自己
　　吐氣。

〔附錄四〕

深度放鬆

　　這是個引導你與他人練習「深度放鬆」的範例。懂得讓身體休息非常重要，當身體感到自在而放鬆時，心就能得到平靜。練習「深度放鬆」，對於治療身心是絕對必要的，所以請你經常花一點時間來做這個練習。雖然在此所寫的方法，需要花三十分鐘才能完成，但是你可以調整其中的內容，讓它更符合自己的需要。你可以把練習縮短成五至十分鐘，這樣每天起床後、就寢前或休息時，都可以練習，也可以加長或加深一點，最重要的是，好好享受它！

　　讓自己很舒服地躺在地上或床上。閉上眼睛，四肢自然朝外，放在身體的兩側。

　　當**呼吸**時，感覺整個身體都躺在地上。去感覺全身都貼在地上或床上，包括腳後跟、後腿、臀部、背、手臂、手掌的後方與後腦勺。隨著每次吐氣，感覺身體愈來愈往下沈，慢慢地陷到地板裡。這時，放下所有的緊張與擔憂，什麼都放下。

　　吸氣時，感覺下腹部正在往上升；**吐氣**時，感覺下腹部慢慢地往下降。就這樣跟著呼吸，專注在腹部的起伏上。

　　現在，**吸氣**時，開始把注意力轉移到雙腳；**吐氣**時，讓雙腳完

全地放鬆。**吸氣**，把你的愛傳送到雙腳；**吐氣**，對雙腳微笑。在**吸氣**、**吐氣**之間，想想能擁有雙腳是件多麼幸福的事。因為雙腳，平時才能走路、奔跑、運動、跳舞、開車，還有做很多其他的事。將你的感謝傳達給雙腳，感謝它們總是在你最需要它們時，給你支持。

吸氣，開始把注意力移到右腿與左腿上；**吐氣**時，讓雙腿的所有細胞都慢慢放鬆。**吸氣**，對雙腿微笑；**吐氣**，把你的愛傳送到雙腿，感謝雙腿的強壯與健康。在**吸氣**、**吐氣**之間，把你的溫柔與關懷傳送給它們。讓它們休息，慢慢地沈入地板中，把放在雙腿上的所有壓力完全放開。

吸氣，慢慢地感覺雙手；**吐氣**，讓雙手的肌肉完全放鬆，把放在它們上面的壓力全部放掉。**吸氣**時，感受擁有這雙手是多麼美好的事；**吐氣**時，把你的愛與微笑傳送給它們。在呼吸之間，觀想因為雙手而能做多少事。你可以做飯、寫書、開車、與別人牽手，可以抱小孩、洗澡、畫畫、玩樂器、打字，還能修理東西、拍拍小狗、握一杯茶，因為雙手，才能做這麼多事。好好地享受擁有這雙手的美好，讓雙手中的每個細胞都好好地休息。

吸氣，開始感覺雙臂；**吐氣**，讓雙臂完全放鬆。**吸氣**時，把你的愛傳送到雙臂；**吐氣**時，對它們微笑。花點時間感受雙臂的力量與健康，把你的感謝傳送到雙臂，感謝它們讓你能擁抱別人、盪鞦韆、幫助別人，還能辛勤地工作──做家事、除草，以及很多其他

的事。**吸氣**、**吐氣**，讓雙臂在地板上完全放鬆，好好地休息。每次吐氣時，感覺你將手臂上的壓力慢慢釋放。當你以正念擁抱手臂時，感覺手臂的每個細胞都那麼喜悅與自在。

吸氣，把注意力轉移到肩膀；**吐氣**，讓肩膀的壓力完全地流入地板裡。**吸氣**時，把你的愛傳送到肩膀上；**吐氣**時，充滿感激地對它們微笑。**吸氣**、**吐氣**，感受你是否把太多的壓力放在肩膀上，使它們都積聚在那裡。**吐氣**時，讓這些壓力都離開肩膀，感覺肩膀愈來愈放鬆。把你的溫柔與關懷傳送到肩膀上，認知到你並不想讓它們如此緊張，希望它們能放鬆而自在。

吸氣，開始感覺心臟；**吐氣**，讓心臟休息。**吸氣**時，把你的愛傳送給心臟；**吐氣**時，對它微笑。在**吸氣**、**吐氣**之間，感受能擁有一顆心臟在身體跳動，是件多麼美好的事。心臟讓你能夠活著，它每分每秒都陪伴著你，從未休息。它從你在母親子宮裡四個星期大時，就開始跳動了。這是多麼偉大的器官，讓你可以每天如此生活著。**吸氣**，覺察心臟是多麼愛你；**吐氣**，承諾用能使它正常運作的方式生活。每次吐氣時，讓心臟愈來愈放鬆，讓它的每個細胞都感到喜悅與自在。

吸氣，慢慢地感覺腸胃；**吐氣**，讓腸胃開始休息。**吸氣**時，把你的愛與感激傳送給它們；**吐氣**時，輕輕地對它們微笑。當**吸氣**、**吐氣**時，想想這些器官對你有多麼重要，給它們一個休息的機會。因為它們每天都消化你所吃的食物，給你需要的能量與耐力，你需

要花一些時間來覺察並感謝它們。**吸氣**時，感覺腸胃正在放鬆，慢慢地釋放壓力；**吐氣**時，好好地享受能擁有腸胃的美好事實。

吸氣，把注意力放在眼睛；**吐氣**，讓眼睛與周圍的肌肉慢慢放鬆。**吸氣**，對眼睛微笑；**吐氣**，把你的愛傳送給它們。讓眼睛好好地休息。在呼吸之間，想想雙眼是多麼可貴。它們讓你可以看到愛人的雙眼、美麗的日落，讓你能讀書、寫字，能自在地移動，能看到空中的飛鳥，還能看電影。因為雙眼，你可以做這麼多事。花一些時間感謝擁有視覺的幸福，讓眼睛好好地休息。你可以輕輕將眉毛往上挑，讓眼睛周圍的壓力慢慢地釋放開來。

你可以**繼續**以同樣的方式放鬆身體的其他部位。

現在，如果身體有某個部位正感到疼痛，你可以花點時間感受它，把你的愛傳送給它。**吸氣**，讓它好好地休息；**吐氣**，繼續用你的溫柔與愛，對它微笑。試著想想身體還有其他堅強而健康的部位，讓健康的部位把能量傳送給脆弱、生病的部位。**吸氣**，告訴自己有復原的能力；**吐氣**，放下帶給自己身體的所有擔憂與恐懼。在呼吸之間，以你的愛與信心，對生病的那個部位微笑。

最後，**吸氣**，感覺整個身體；**吐氣**，享受身體的每個感覺，每個放鬆而平靜的感覺。**吸氣**時，對身體微笑；**吐氣**時，把愛與慈悲傳送到身體的每個部分，感覺身體的每個細胞正歡喜地微笑；感謝身體的每個細胞。然後，慢慢地把注意力放回腹部的起伏上。

如果你現在正在引導別人做這項練習，或已經可以自在地練習

「深度放鬆」，你就可以開始唱幾首輕鬆愉快的歌，或唱首柔和的搖籃曲。

　　最後，慢慢地張開眼睛，慢慢地起身，不要急，很平靜地、輕柔地坐起來。試著將剛才所聚集的平靜而充滿正念的能量，一直維持到下次練習，讓自己整天都能保有這樣的能量。

Anger: Wisdom for Cooling the Flames
Copyright © 2003 by Oak Tree Publishing,
A division of Cité Publishing Ltd.
Original English Language edition Copyright © 2001 by Thich Nhat Hanh.
All rights reserved including the right of reproduction in whole or in part in any form.
This edition published by arranged with Riverhead Books,
a member of Penguin Publishing.
All Rights Reserved.

善知識系列 JB0124X

一行禪師　你可以不生氣：佛陀的最佳情緒處方
Anger: Wisdom for Cooling the Flames

作　　　者／一行禪師（Thich Nhat Hanh）
譯　　　者／游欣慈
責 任 編 輯／陳芊卉
封　　　面／兩棵酸梅
業　　　務／顏宏紋
印　　　刷／中原造像股份有限公司

發　行　人／何飛鵬
事業群總經理／謝至平
總　編　輯／張嘉芳
出　　　版／橡樹林文化
　　　　　　城邦文化事業股份有限公司
　　　　　　115 台北市南港區昆陽街 16 號 4 樓
　　　　　　電話：（02）2500-0888　傳眞：（02）2500-1951
發　　　行／英屬蓋曼群島商家庭傳媒股份有限公司城邦分公司
　　　　　　115 台北市南港區昆陽街 16 號 8 樓
　　　　　　客服服務專線：（02）25007718；25001991
　　　　　　24 小時傳眞專線：（02）25001990；25001991
　　　　　　服務時間：週一至週五上午 09:30 ～ 12:00；下午 13:30 ～ 17:00
　　　　　　劃撥帳號：19863813　戶名：書虫股份有限公司
　　　　　　讀者服務信箱：service@readingclub.com.tw
香港發行所／城邦（香港）出版集團有限公司
　　　　　　香港九龍土瓜灣土瓜灣道 86 號順聯工業大廈 6 樓 A 室
　　　　　　電話：（852）25086231　傳眞：（852）25789337
　　　　　　Email：hkcite@biznetvigator.com
馬新發行所／城邦（馬新）出版集團【Cité（M）Sdn.Bhd.（458372 U）】
　　　　　　41, Jalan Radin Anum, Bandar Baru Seri Petaling,
　　　　　　57000 Kuala Lumpur, Malaysia.
　　　　　　電話：（603）90563833　傳眞：（603）90576622
　　　　　　Email：services@cite.my

初 版 一 刷／2003 年 1 月
三 版 三 刷／2024 年 6 月
I S B N／978-626-7219-47-8
定　　　價／320 元
版權所有・翻印必究（Printed in Taiwan）
缺頁或破損請寄回更換

城邦讀書花園
www.cite.com.tw

國家圖書館出版品預行編目 (CIP) 資料

一行禪師 你可以不生氣／一行禪師 (Thich Nhat Hanh)
著；游欣慈譯 . － － 三版 . － － 臺北市：橡樹林文化
，城邦文化事業股份有限公司出版：英屬蓋曼群島
商家庭傳媒股份有限公司城邦分公司發行，2023.08

面； 公分 . － － （善知識；JB0124X）

譯自：Anger : wisdom for cooling the flames
ISBN 978-626-7219-47-8（平裝）

1. CST: 佛教修持　2. CST: 生活指導

225.7　　　　　　　　　　　　　　112010363